JN124210

この本を読んで すべての罠を回避!

サブリース契約の罠

サブリース契約で地主が「土地持ち死産家」®になるワケ

1級FP技能士・相続コーディネーター® 後東 博 著

税理士 上川 順一 監修

はじめに

本書を書いた理由

あなたは、相続対策でこんな間違いに気づき始めていませんか？

・不動産業者、金融機関・税理士に相続対策で勧められアパート・マンション建築したけれど、何だか雲行きが怪しくなった気がする。

・不動産経営で年々手残りするお金が少なくなり、生活が苦しくなっていく気がする。

・「サブリース契約」で、30年後、先祖伝来の土地が更地で戻ってくると思っていたが、そうならないような気がする。

　今までに5,000名に及ぶ相続相談のうち、8割り近くの方が失敗に気づいてからの相談です。間違いに気づいたから、不安になったからと多くの人達が相談にいらっしゃいます。この人達は、能力がないわけでも、努力をしていないわけでもありません。不動産業者、金融機関、税理士などの話をよく聞き、セミナーにも出席し、本を読んで勉強もされています。ところが、相続対策を間違えるのです。なぜ、間違えるのでしょうか？

　理由は、次のような４つの大きな間違いをして、相続対策を行ったからです。

間違い1　借金すると相続税が下がってトクをする

　借入金が節税対策になるというのは、よくある誤解です。借金それ自体で、相続税は１円も下がりません。どうして、このような間違いが世間に広まったのでしょうか？これについての説明は第３章を参照して下さい。

間違い2 「サブリース契約」は家賃保証があり安心できる

築10年を経過すると、家賃は2年ごとに見直しされ、ほとんど減額されます。そのため、ローンの支払いがしだいに苦しくなります。また、修繕費などの支出が増加します。これについての説明は第6章を参照して下さい。

間違い3 借金しても、借金は年々減り生活が楽になる

フルローンの元利均等返済で借入れしている場合、築15年目頃から支出が経費よりも多くなることで、税金の負担が増え、お金の手残りが少なくなります。手残りがマイナス（赤字）となる可能性も出てきます。この現象を「デッドクロス（黒字倒産）」といい、多額の借入金で賃貸住宅を建築した場合、遅かれ早かれ、その時期はやってきます。これについての説明は第8章を参照して下さい。

間違い4 「サブリース契約」で先祖伝来の土地を守ることができる

「サブリース契約」が終了すれば、相続人が賃貸不動産を相続しなければなりません。そのとき賃貸不動産は老朽化しており、建て替える場合には入居者の立退きと建物の解体をしなければなりません。ところが、立退き交渉は、法律で不動産業者には依頼できないので、相続人自らが行う必要があります。また、立退き交渉のお金は、金融機関が一切融資することはありませんので、事前に積み立てておく必要があります。これについての説明は第4章を参照して下さい。

アパートやマンションを建築するとき、「多額の借入金」と「サブリース契約」が結びつくと、相続対策はたいてい失敗します。「サブリース契約」の「空室」時の家賃保証の原資について、最も重要なことなので、本論に入る前に少し説明しておきましょう。

サブリース契約のワナ
「空室」時の家賃保証の原資は、一体「誰が」支払うのか？

　相続対策でよくある失敗に「サブリース契約してアパート・マンションを建築して節税対策をする」ことがあります。これは、サブリース契約の内容を十分理解していないことが原因です。

　サブリース契約では、サブリース会社（管理会社）が一括借り上げして、「空室」でも家賃が入る「家賃保証」がついていることが一般的です。国土交通省の調査では、管理会社の委託やサブリース事業を行っているオーナー（大家）は８割以上となり、残りの２割が大家の自主管理です。

　ここで、疑問が生じます。では、「空室」になった場合、入居者から家賃が振り込まれないのに、サブリース会社がオーナーに支払う「空室」のお金の原資は、一体、どこからやって来るのでしょうか？

　考えられる答は、２つしかありません。サブリース会社の持ち出し、或はオーナーが支払った新築費用や毎月の管理料などです。どちらかが「空室」のときに支払うお金の原資になります。赤字を補填する会社を経営したい人はいませんので、まず、サブリース会社の持ち出しはありえません。

　新築費用が原資となる場合、建築請負金額に「空室」時の家賃相当額が上乗せされています。これは自分が支払ったお金を「空室」時に受け取っているだけです。

　もっと具体的に説明すると、例えば、家賃５万円、６戸、合計月額家賃30万円、合計年間家賃360万円、10年家賃保証のケースを考えます。この場合、「空室」費用の負担を考慮して、粗利40％の物件に対して、オーナーから新築費用7,000万円で請け負います。もし、実際の建築費用が4,000万円であれば、3,000万円は支払わない方がよかったことになります。

　同様に、「毎月の管理料」が原資となる場合、入居者の家賃が原資になります。それであれば、当初から割高な管理料を支払わない方が不動

産経営にとって得になります。例えば、相場家賃100万円で、家賃保証で毎月80万円受け取った場合、20万円損することになります。

　サブリース契約すると、「空室」のとき家賃保証が得られるという安心感を得ることはできます。しかし、実際には、「新築費用の一部」や「管理料の一部」などを戻しているだけです。つまり、家賃保証の原資は、「オーナー自身のお金」を戻しているだけなのです。

　家賃保証を多く受けると得するわけではありません。なぜなら空室が長く続いているということであり、今後、家賃の値下げやリフォームの必要が出てくるため損をします。

　また、将来、売却するとき空室が多い物件は収益が下がり、高く売ることができないからです。建築したハウスメーカーとサブリース会社は、資本関係が同じなのでこのようなことができるのです。

サブリース契約で、地主が「土地持ち死産家 ®」になる理由

　日本は今後人口減少により土地は、「富動産」「不動産」「負動産」「腐動産」の四極化になり、余る時代になります。

　「富動産」とは、今後地価が一部上昇する可能性がある土地のことで、大都市圏や地方中枢都市の一部が該当します。

　「不動産」とは、今後地価を維持できる可能性のある土地のことで、大都市圏が主に該当します。

　「負動産」とは、今後毎年地価が継続的に下落する土地のことで、主に地方圏が該当します。

　「腐動産」とは、価値がなく売却困難な土地或はマイナスの価値しかない不動産のことです。

　近い将来、土地は「富動産」と「不動産」約10％、「負動産」約70％、「腐動産」約20％になると予測できます。

　その理由となる根拠の1つは、2017年（平成29年）12月13日の「所

有者不明土地問題研究会」(座長：増田寛也東京大学公共政策大学院客員教授、元総務相)が発表した報告書です。報告書では、2016年時点で日本中の約2割が所有者不明土地、2040年時点で約3割が所有者不明土地になると予測しているからです。

　地価が徐々に下落する地方圏や大都市圏の一部の「負動産」地域で、「先祖伝来の土地を守る」ことだけを考えて、「多額の借入金」をして、「サブリース契約」のアパートやマンションを建築する相続対策は時代遅れとなり、絶対やってはいけない相続税対策になりました。

　2015年（平成27年）の相続税法の改正（増税）に伴い、相続税対策で日本全国に数百万戸の賃貸アパートやマンションが「サブリース契約」で建築されました。その結果、<u>10年後の2025年（令和7年）には、家賃の減額と多額の借入金が原因で「デッドクロス（黒字倒産）」になる人達が多くなります。そして、「サブリース契約」した売却困難な賃貸アパートが多く出現することが予測されます。</u>

　では、30年後、「サブリース契約」が終了した儲からない賃貸物件はどうなるのでしょうか？3つのことが考えられます。

　1つ目は、物件の売却です。「負動産」に建築された物件でも、立退き交渉費用、建物解体費用などを支払い、更地にして、採算が取れる価格まで土地値が下がれば売却できる可能性があります。

　2つ目は、前記以外の物件は売却できない、売却困難な土地或はマイナスの価値しかない「腐動産」になります。このとき相続人は、**「土地持ち死産家®」**になります。

　3つ目は、「富動産」や「不動産」地域に建築された一部の物件は、土地値物件として売却または再建築も可能となります。

　このように相続対策で「サブリース契約」を行うと、儲からない不動産経営になり、最後に老朽化したアパートやマンションを相続人が相続することになります。そして、先祖伝来の土地を守るどころか、ほとんどの方が売却するか或は価値がなく売却困難な土地をそのまま所有することになります。

　しかも、1棟のアパートやマンションは複数の相続人で遺産分割でき

ない遺産となり、相続トラブルの原因となります。その上、主な遺産が賃貸不動産だけでは、納税資金の確保もできません。

　このような相続対策の間違いの原因は、本書の中で触れますが、30年以上前のバブルまでは間違いではなかったのです。日本経済が右肩上がりで人口が増加している時代は、この方法でも対応できました。

　そこで、本書では相続対策の何が間違いであるのかを具体的に指摘し、断罪します。そして、この間違った相続対策をやめて、どのような相続対策を実行すればいいのかを、「成功する相続対策編」でお話します。

　尚、本書はただ単に読むだけではありません。「成功する相続対策」までには、３つの段階があります。

　①気づく、

　②決断する、

　③実行する。

　この本で筆者が伝えたいことは、「気づく」段階です。

目次

はじめに……………………………………………………………………… 2

第1章 間違いだらけの相続対策その1
あなたもこんな間違いをしていませんか？ …………… 13
・日本人の9割が相続対策を間違える理由 ……………… 13
・5つの間違いだらけの相続対策のまとめ ……………… 22
・相続対策で成功する方法 …………………………………… 23

第2章 間違いだらけの相続対策その2
相続対策で成功するために必要な
6つの正確な思考と行動 …………………………… 25
・相続対策は5つの側面から考える ……………………… 25
・相続の根底には感情と勘定の問題がある ……………… 31

第3章 「相続対策では借金すると
相続税が下がってトクをする」の間違い ……… 35
・借金は節税対策にならない ………………………………… 35
・人口減少と土地の下落で相続対策モデルの崩壊 ……… 36
・借金・連帯保証人の相続は厄介 ………………………… 37
・アパートの家賃収入は相続開始と同時に法定相続分で分割 ……… 40

第4章 「相続対策では先祖伝来の土地を
守ることが重要である」の間違い ……………… 43
・先祖伝来の価値のない土地を守ると
　「土地持ち死産家®」になる ……………………………… 43
・今後10年で不動産は4極化する
　―富動産・不動産・負動産・腐動産に― ……………… 43
・不動産が「負動産や腐動産」になる理由 ……………… 47
・「腐動産」が売却できない本当の理由
　―「腐動産」が粗大ゴミや産業廃棄物になる時代― ……… 50
・粗大ゴミ同然の「腐動産」を処分する方法 …………… 54
・地価が下落しても、
　なぜ固定資産税・相続税は下がらないのか？ ………… 56
・不動産四極化時代を考えた相続対策が必要 …………… 60

第5章 「相続対策は不動産を利用した節税型相続対策が
　　　 よい」の間違い
　　　 日本人の９割が『土地持ち死産家®』になる理由 … 65
　　・不動産四極化時代の相続対策の方法と手順 ………… 65
　　・不動産を４つに分類する ……………………………… 68
　　・９割の人が「土地持ち死産家®」になる５つの主な要因 ……… 70

第6章 「相続対策は家賃保証のある
　　　 『30年一括借り上げ』がよい」の間違い ………… 75
　　・サブリース契約の管理委託契約の問題 …………… 75
　　・大家から見たサブリース契約の落とし穴 ………… 77
　　・業者から見たサブリース契約の仕組み …………… 80
　　・「30年一括借り上げ」は相続対策にならない …… 82

第7章 相続対策で「サブリース契約（30年一括借り上げ）」
　　　 は絶対やってはいけない　2026年約400万戸のサブ
　　　 リース爆弾破裂、売却困難なアパートが急増 ……… 85
　　・サブリース契約の実態 ……………………………… 85
　　・サブリース契約のワナ ……………………………… 90
　　・サブリース契約10コの落とし穴 …………………… 93
　　・サブリース契約の暗い未来
　　　 ―2026年約400万戸のサブリース爆弾破裂し、
　　　 売却困難になり「土地持ち死産家®」急増― ……… 99

第8章 「相続対策は「借入金」と『30年一括借り上げ』を
　　　 利用したアパート経営がよい」の間違い
　　　 ―なぜ、相続対策のアパートは築15年で
　　　 売りに出されるのか？― ……………………… 109
　　・アパート経営には減価償却の理解が不可欠 ……… 109
　　・アパート経営でデッドクロス（黒字倒産）になる原因 ……… 112
　　・なぜ、相続対策のアパートは築15年で売りに出されるのか？
　　　 ―満室経営でも「デッドクロス」は必ず起きる― …… 117
　　・相続対策にならない『30年一括借り上げ』
　　　 ―サブリース契約ではアパート経営が成り立たない― …… 122
　　・９割の地主が経験するアパート経営４つの段階 … 126

第9章 「相続対策では不動産を共有名義にするとよい」
　　　の間違い ··· 129
　　・共有名義の不動産は必ず相続トラブルになる
　　　─不動産の共有持分と行為の制限とは─ ················· 129
　　・共有名義の不動産は絶対やってはいけない９つの理由 ········ 132
　　・共有名義の不動産を解消する方法 ····························· 137
　　・共有名義の不動産の解決方法 ·································· 139

第10章 「贈与税の配偶者控除2,000万円は
　　　　節税対策になる」の間違い ··························· 141
　　・民法改正で結婚20年以上の夫婦に優遇措置 ············· 141
　　・「贈与税の配偶者控除」とは ································· 142
　　・「贈与税の配偶者控除」は節税対策にならない７つの理由 ··· 144

第11章 「配偶者の税額軽減1億6,000万円は
　　　　節税対策になる」の間違い ··························· 149
　　・配偶者の税額軽減とは ·· 149
　　・二次相続で相続税が非常に高くなる理由 ················· 151
　　・配偶者の税額軽減の賢い活用法 ····························· 155

第12章 「相続時精算課税制度2,500万円は
　　　　節税対策になる」の間違い ··························· 159
　　・「相続時精算課税制度」とは ································· 159
　　・「相続時精算課税制度」は節税対策にならない８つの理由 ··· 159
　　・節税対策になるという誤解はなぜ生まれるのか？ ········ 163

第13章 「教育資金1,500万円一括贈与は節税対策になる」
　　　の間違い ··· 165
　　・教育資金の一括贈与とは ····································· 165
　　・教育資金の一括贈与が節税対策にならない理由 ·············· 167

第14章 「相続税は延納・物納すればよい」の間違い ········· 173
　　・相続税の延納・物納は、ほぼ不可能に ····················· 173
　　・延納や物納が激減した本当の理由 ··························· 175
　　・相続税は生前に不良不動産から売却して、

納税資金を準備することが必要不可欠 ……………………… 177

第15章 「税理士は相続対策の専門家である」の間違い …… 181
・1つ目：税理士は相続対策の専門家ではない ……………… 181
・2つ目：税理士は相続対策に詳しくない …………………… 182
・3つ目：税理士は不動産に弱い ……………………………… 184
・4つ目：税理士は節税対策ができない ……………………… 186
・5つ目：税理士は相続財産の評価ができない ……………… 187
・6つ目：税理士は依頼者の味方ではない理由 ……………… 188
・7つ目：税理士は二次相続対策まで考えない ……………… 189
・8つ目：税理士は遺産分割対策ができない ………………… 190
・9つ目：税理士は不良資産を優良資産にできない ………… 191

第16章 「相続対策では孫を養子にするとよい」の間違い
　　　　─大富豪から学ぶ相続対策の教訓─ ……………… 193
・大富豪から学ぶ相続対策の教訓 …………………………… 193
・松下幸之助・上原正吉さんから学ぶ相続対策の教訓 …… 194
・相続対策では孫を養子にしない方がよい ………………… 197

第17章 「相続対策で成功する資産戦略型相続対策とは何か」
　　　　─「腐動産」を「富動産」に組み替える
　　　　相続対策プランの作り方─ …………………………… 201
・資産戦略型相続対策® とは何か …………………………… 201
・「腐動産」を「富動産」に組み替える
　「資産戦略型相続対策®」 …………………………………… 204

第18章 「資産戦略型相続対策の順番と鉄則」
　　　　─相続対策には6つの順番と鉄則がある─ ……… 209
・資産戦略型相続対策6つの順番と鉄則 …………………… 209
・第1段階：相続ビジョンの確立 …………………………… 210
・第2段階：遺産分割と第3段階：財産管理対策 ………… 217
・第4段階：「腐動産」対策 …………………………………… 219
・第5段階：納税資金対策 …………………………………… 226
・第6段階：節税対策 ………………………………………… 228
・資産戦略型相続対策の鉄則
　─安直な「成り行き相続対策」を実行しないこと─ …… 230

第19章 「相続対策が３つ同時にできる後東式戸建賃貸」
　　　　─遺産分割・納税資金・節税対策の
　　　　３つ相続対策が同時にできる方法─ ·························· 233
　　・人口減少でもアパ・マンが増え、空き家が拡大する理由 ······· 233
　　・アパート・マンションより戸建賃貸が儲かる理由 ·················· 234
　　・戸建賃貸は３つの相続対策
　　　（遺産分割・納税・節税）が同時に可能 ····························· 236
　　・相続対策はアパ・マンより戸建賃貸が断然有利な18の理由 ··· 237
　　・アパート・マンションと「後東式戸建賃貸®」の比較 ············ 246

おわりに ··· 248

第1章

間違いだらけの相続対策その1

あなたもこんな間違いをしていませんか？

日本人の9割が相続対策を間違える理由

はじめに

　あなたは相続対策でこんな間違いをしていませんか？またこのような困ったことが今までにありませんでしたか？

①節税対策でアパートやマンションを建築し、相続税を減らすために多額の借入をしたら、相続税を支払う現金・預貯金が減って納税資金に困った。

②節税対策で立派な1棟のアパートやマンションを建築したら、子供2人に遺産分割できないので困った。

③節税対策でアパートやマンションを建築し、「30年一括借り上げ（サブリース契約）」で30年間家賃保証があると思っていたら、10年目に家賃が下がり、アパートローンや固定資産税の支払いなどで困るようになった。

④節税対策でアパートやマンションを建築したら、親は生前に海外旅行や世界一周クルーズなどのいい思いをしたが、子供が老朽アパートやマンションを相続することになり物件の処分に困った。

⑤節税対策で「相続時精算課税制度」を使って、親から子供に2,500万円の土地を贈与税0円で生前贈与したら、相続時にその金額2,500万

円が相続財産に加算されることを後から気づいて困った。

⑥節税対策で「贈与税の配偶者控除」を使って、夫から妻へ2,000万円の自宅を無税で生前贈与したら、妻が亡くなった二次相続で相続税が増加することに後から気づいて困った。

⑦節税対策で孫や長男の嫁と養子縁組したら、遺産分割協議でもめて非常に困った。

⑧節税対策で遺産分割や生前贈与で土地を共有名義にしたら、相続や売却のとき非常に困った。

⑨遺言書に長男（長女）に大半の財産を相続させると書いてあり、その通りになると思っていたら相続人同士で揉めて困った。

⑩税理士に相続対策を相談したら、その問題は不動産業者、別の問題は弁護士などと言われ、結局、誰に相続問題を相談して解決すればよいか分からなくなって困った。

　こんな方々がどうしたらよいかと弊社の事務所に相談に多くいらっしゃいます。この方々は能力がないわけではありません。私に相談に来る前に、別の事務所で相談したり、何冊も本を読み、無料のセミナーなどにも参加して勉強をされています。ところがなかなか相続対策が上手くいきません。

　では、なぜ相続対策がうまく行かないのでしょうか？その理由は、主に５つの大きな間違いを前提にして、相続対策を進めようとしたからです。

間違い１：相続対策は節税対策である

　相続対策と相続税対策は違います。相続対策には遺産分割、納税資金の確保、売却困難な「腐動産」の処分などがあります。相続税対策とは節税対策のことを言います。しかし一般的には相続対策＝相続税対策＝節税対策という誤解が多いようです。

　例えば、「更地にアパートやマンションを建築すれば、土地の相続税評価額が下がります。その上、借入金は相続財産から差し引くので、

相続税はさらに下がります。家賃は『30年一括借り上げ（サブリース契約)』で空室でも保証され、30年のアパートローンは家賃収入によって返済できます。その上、先祖伝来の土地を守れます・・・。」など、よくある相続対策の間違いです。

　借入金が多い方は、たいてい納税資金が不足し相続税の支払いに困ります。1棟のアパートやマンションは、相続人間で分割できないので遺産分割が困難になります。またアパートやマンションが老朽化すると維持管理費が増え、売却困難な借金付き物件になったり、相続人が相続したくない売却困難な「腐動産」になることも少なくありません。

　相続対策は節税対策から始めるとたいてい失敗します。節税対策をやればやるほど納税資金がなくなり、遺産分割が困難になることが多くあるからです。

　相続対策は節税対策から始めるのではなく、遺産分割対策から始めると上手くいくことが、次のことからも説明できます。

　相続税の優遇税制である「配偶者の税額軽減」や「小規模宅地等の評価減の特例」は、相続税の申告期限までに相続人間で遺産分割が行われていることを前提にしており、相続争いが起きた場合には利用できません。

　また相続税の計算は生前に行う相続税の試算であっても、当然のことながら「誰に」「何を」相続するのかを決めなければ正確な計算はできません。従って、相続対策は「誰に」「何を」相続させるのかを決める遺産分割対策が節税対策よりも先にきます。

　節税対策は相続人ごとに累進税率を下げることによって、節税対策になり効果があります。また遺産分割対策を行ってからであれば問題も生じません。遺産分割では分割できない不動産が多いと揉めやすく、現金・預貯金が多いと遺産分割がしやすいので揉めにくくなります。

　節税対策は、相続人同士が円満である場合に効果がありますが、相続人同士の関係が悪い場合には逆効果になります。

間違い2：税法で節税対策ができる

　税法で節税対策ができるという間違いは、次のような場合です。「相続時精算課税制度」を活用して、親から子供へ2,500万円無税で土地などを生前贈与しても、相続時に相続財産に2,500万円加算されるので節税効果はありません。

　また「1,500万円の教育資金の一括贈与」はもともと贈与税の課税されない教育資金を、信託銀行を利用して移転しても意味はありません。この2つの制度は若い世代への贈与を促し、消費拡大につなげる経済政策と考えると分かりやすいでしょう。

　結婚期間20年以上の夫婦が活用する「贈与税の配偶者控除」や配偶者の非課税枠が最低1億6,000万円ある「配偶者の税額軽減」は、配偶者がもともと財産を多く所有する場合、相続税が増加する対策となります。この2つの制度は節税対策というよりも、「配偶者」の老後生活保障制度と考えると分かりやすいでしょう。

　日本人の誰でもがコロナ後は増税になると思っています。消費税は1989年(平成元年)に3％、1997年に5％、2014年に8％、2019年10月に10％と段階的に引き上げられました。また東日本大震災の後に課されることになった「復興税特別所得税」は2013年当初から25年間、税額に2.1％を上乗せするという形で今も徴収されています。

　海外においても、バイデン米政権の連邦個人所得税の最高税率を37％から39.6％に上げるなどの富裕層増税は10年で160兆円です。また英国政府は2023年4月に法人税率を引き上げる方針を発表しました。これらの目的は新型コロナウイルス対策の財源確保です。

　コロナ後の状況下において、また現在の税法から考えても節税対策というのはほぼ封じ込められたと思った方がよいでしょう。地方圏の地価は下落しても、相続税や固定資産税は下がらないどころか上昇する可能性すらあります。税法のアミの目をくぐって節税対策をしようと考えるよりも、むしろ増税を覚悟した相続対策の立案が今後は必要になります。

間違い３：相続対策の相談相手を間違える

　相続対策における不動産を使った間違いや生命保険の活用の間違いは、売る側に問題があると思います。なぜなら建築会社（ハウスメーカー）や不動産業者が主催で行う無料の相続対策セミナーの参加をきっかけに、相続対策にならないアパート、マンション建築を行い、節税対策を行い失敗する人が多いからです。

　相続対策の失敗の多くは、無料セミナーに参加し、安直に考え、建築会社（ハウスメーカー）や不動産業者に相談して、「成り行き相続対策」を行った結果です。

　一方、節税対策になると思ったがならなかったという税法の活用の間違いや自筆証書遺言の間違いは、本人が税理士や法律家などの専門家に依頼すれば防ぐことができたので、本人の相続対策に関する取り組み方の問題でしょう。

　ところで、税理士は相続対策の専門家といえるのかという問題です。毎年確定申告をしている顧問税理士は相続対策に詳しいわけではありません。相続税の申告経験の少ない税理士は、税務署と依頼者からリスクを負いたくないために、不動産は路線価で計算し安全確実な評価方法をとり、相続税が高くなる傾向があります。

　大都市などでは相続税専門を掲げ、相続税の申告件数をホームページなどでアピールしている税理士事務所もあります。税理士は税金の専門家ですが、不動産を活用した相続対策や相続税を減額する相続対策は苦手です。

　相続税専門の事務所では一般的に不動産や生命保険については、自社の別会社に依頼したり提携先を紹介することがほとんどです。その結果、不動産会社や生命保険会社の提案をそのまま行うだけのことが多いのです。

　相続対策に関して、どの専門家に何を依頼したらよいか、よく分からない人が多いと思います。では、相続対策は一体、誰に、何を相談すればいいのでしょうか。

筆者（後東）は４つのポイントから依頼する人を判断するといいと思います。

　①相続財産の規模

　②相続財産の内容と問題

　③相続人の問題と課題

　④専門家のプロジェクトチームで対応可能かどうか

　財産の少ない人は、遺産分割対策と高齢者の財産管理対策の２つについて対策を行える人でよいでしょう。財産の多い人は前記の２つに加えて、価値の下落する売却困難な「腐動産」対策、納税資金対策、節税対策の５つを行える人を選択すればよいでしょう。

　相続財産には不動産、有価証券・預貯金などの金融資産、生命保険があり、それらの分析と提案ができる人に依頼すればよいでしょう。もっと具体的にいえば、不動産活用をして不動産経営を行うのであれば、立地条件、賃貸需要、家賃設定、投資資金の回収期間、物件価格の分析や提案のアドバイスができる人です。

　相続人の課題とは、例えばシングルマザー、自閉症などの精神病を持つ人、定職を持たない子供、パラサイトシングルなどの相談ができる専門家に依頼することです。

　相続対策は財産内容だけ、税法、法律だけの問題だけでもなく、有機的なつながりを持っているので理論的に解決できるとは限りません。相続対策は実際には、依頼する側の親子、兄弟姉妹で考えが異なることも多く、かんじょう（感情と勘定）のドロドロごたごたした話もあります。

　相続対策は1人の専門家で相続・遺言などの問題を解決できる事例はほとんどありませんので、専門家のプロジェクトチームで協働しないとうまくいかないことばかりです。

間違い４：「借入金」や「30年一括借り上げ」を活用した相続対策を行う

　不動産を使った節税対策は、相続税の大きな節税効果が期待できます。しかし日本全体では、地価の下落が避けられません。その結果、地価の四極化が起きています。

　今後、日本全体では地価の上昇の可能性のある「富動産」と地価を維持できる「不動産」10％程度、毎年継続的に価値が下落する「負動産」70％程度、売却困難な土地或はマイナスの価値しかない「腐動産」20％程度に区分されます。これらは将来の日本の人口減少から予測できます。

　３大都市圏や地方中枢都市の「富動産」や「不動産」では、立地条件がよく賃貸需要があればアパートやマンションなどを活用した相続対策は可能です。

　ところが全国平均で地価が毎年約1.7％下落している地方圏の「負動産」地域においては、アパートやマンションを建築する「節税型相続対策」は効果があるどころか、20年～30年後売却困難な賃貸物件、或はマイナスの価値しかない「腐動産」になることが想定されます。

　相続したアパートやマンションの選択肢には、アパート、マンションを売却する、建物を取り壊して更地にする、新しく建て替える、3つの選択肢があります。

　アパートのような収益物件は「収益還元法」によって価格が決まるので、地方圏の空室が多く家賃が安い場合には、二束三文で売却するか或は売却困難な賃貸物件になります。更地にして売却する場合には、入居者の立退き交渉とその費用、建物の解体費用がかかります。その立退き交渉は所有者自身が行う必要があり、法律によって不動産業者などには依頼できないので注意が必要です。

　20年～30年後、地価が半値になる地方圏で建物を解体して更地を売却すると、手残りがほとんどなくなる地域では、新しく建て替えること

は困難になります。

　不動産を使った相続対策を行うと、相続税は下がっても借入金を後で返済することが困難になったり、納税資金の確保ができなかったりすることはよくある失敗です。また大半の方は、「30年一括借り上げ」の大幅な家賃の減額を受入れ、借入れの返済に頭を痛めています。

　将来、地方圏において地価は徐々に下落して半値になりますが、土地を保有しても毎年の固定資産税は下がりません。その上、多額の借入金と「30年一括借り上げ」による不動産経営の失敗で、不動産を活用した節税対策によって売却困難な土地やマイナスの価値しかない「腐動産」が増加し、「土地持ち死産家®」の急増が予測されます。

間違い５：相続対策は節税・納税・遺産分割の３つである

　最近の相続対策の相談で多いのは、高齢の90歳代後半の親の相続を、70歳代の子供が心配して事務所にやってくる例です。ほとんどの親は子供に言われていっしょにやってくる、"牛に引かれて善光寺参り"のような光景です。

　その相続相談で多いのは、相続人が相続したくない老朽アパートやマンション、貸家、或は売却困難な土地である山林、保安林、別荘、原野、共有名義の土地、貸宅地（底地）、高齢タウンの自宅、田、畑などのいわゆる「腐動産」問題です。

　これらの「腐動産」を処分するためには高度な技術と経験、そして時間、手間がかかります。また売却しようとしても売却できない物件もあります。売却して現金化された場合には、その現金を生前贈与しなければ多額の相続税がかかることもあります。

　「腐動産」は遺産分割協議を難航させ、相続トラブルに発展することもあります。しかし「腐動産」の現金化は遺産分割を容易にし、相続税を減額することを可能にします。「腐動産」は生前に処分することが最善

の方法です。

　ところが、所有者である親は死んでも自分が困ることがないので、先祖伝来の土地が「腐動産」であることにも気づかず、「先祖伝来の土地を守ることが重要」と理屈を言って何もしようとしない親も多くいます。

　また相続対策を行う上で大切なことは、本人（親）の健康状態です。親が90歳以上の場合、本人の体が不自由で要介護認定を受けていることが多くあります。その場合、相続対策を実行するとき金融機関や役所へ足を運んだり、本人名義の老朽アパートやマンションなどの処分を子供が手伝えるようにするためには、「財産管理等委任契約書」を作成してから行う必要があります。

　さらに認知症などで判断能力が不十分になったとき、日常生活、アパート、マンションなどの財産管理、療養看護などの手続きを子供が後見人になって行うためには「任意後見契約書」が必要になります。

　筆者（後東）は「財産管理等委任契約書」と「任意後見契約書」の2つの契約書をいっしょに締結することによって、本人が病気や身体が不自由なときには「財産管理等委任契約書」で対応し、認知症などで判断能力が不十分になった時点で、「任意後見契約書」を発効させる「任意後見契約移行型」が相続対策を実行する前に必要であると考えます。

　90歳以上の高齢者が多い人生100年時代のこれからの相続対策は、従来から言われている遺産分割対策、納税資金対策、節税対策の3つの相続対策だけではなく、高齢者の財産管理対策と「腐動産」対策を加えた5つが必要になると考えます。

　当然のことながら、相続対策を行うための相続ビジョンの確立、つまり「誰に」「何を」「どのように」相続させるのかを、5つの相続対策を行う前に考えることが大切です。

　＊この点については、後東博著「新版：高齢期を安心して過ごすための生前契約書＋遺言書作成のすすめ」（日本法令）をご参考にしてください。

5つの間違いだらけの相続対策のまとめ

　これら5つの相続対策の間違いは、昔であれば一時的に正しかったこともありました。30年以上のバブル以前のように、人口が増加し経済が右肩上がりで、日本中の地価が値上がりしているときです。

　ところが、経済は低成長で人口減少と近い将来の世帯数の減少により、日本中の9割の地価は徐々に下落するが、固定資産税や維持管理費の土地の保有コストは増加するようになります。

　2016年時点の所有者不明の土地面積は、日本全体の約2割です。近い将来、3割以上が所有者不明土地になると言われています。

　このような状況下にあっても、建築会社（ハウスメーカーなど）や不動産業者による相続対策の提案は建てさせることです。立地条件の悪い土地であっても「30年一括借り上げ」で地主の背中を押し、従来の「節税型相続対策」を推し進めています。だから、間違いだらけというよりも、時代遅れの相続対策というのが正しいかもしれません。

　建築会社などの安直な「成り行き相続対策」を受入れるのではなく、相続対策のプロのアドバイスを受ければ「成り行き相続対策」にならず、また税法の活用の間違いもなくなるでしょう。それは決して自分で相続対策の立案までできるようにならないといけない、という意味ではありません。

　成功する相続対策については、借入金に頼らず、「30年一括借り上げ」をせず、大都市圏や地方圏の地域においても「後東式戸建賃貸Ⓡ」によって、相続対策の節税・納税・遺産分割の3つが同時に短期間に実行できることが証明されております。

　また先祖伝来の相続したくない毎年徐々に地価が下落する「負動産」や売却困難な「腐動産」を処分して、そのお金を収益性と流動性のある「富動産」や金融資産、生命保険などに組み替える「資産戦略型相続対策Ⓡ」を実行すれば、先祖伝来の土地などの不良資産を、形を変えて守り増やすことが可能になります。

相続対策で成功する方法

・建築会社（ハウスメーカー）などの安直な「成り行き相続対策」を
受入れないこと。

相続対策を個人で実行することは大変難しい。相続対策は相続人のかんじょう（感情と勘定）を考え、法律では相続人間で均等に遺産分割を行い、相続税の納税資金を確保し、その上、相続税の節税対策を考えなければならないからです。

さらに税法を理解し、法律を知り、財産である不動産、金融資産、生命保険などのことも理解する必要があります。しかも税法も法律もときどき改正があります。一体、相続対策は、「誰に」「何を」「どのように」依頼すればよいのでしょうか？

相続対策には正しい順番と鉄則があることを知り、相続の専門家からアドバイスやロードマップを教えてもらい、実行することが相続対策で成功する近道になります。

また建築会社や不動産業者などの安直な相続対策の提案を受けないことが、相続対策の失敗を防ぐことにつながります。重要なことは、相続対策の失敗に気づいたら「損切り」を早く実行することです。そうしないと、相続人が売却困難な土地やマイナスの価値しかない土地を相続することになるからです。

"相続対策とは資産家になるための戦略です"、これが筆者（後東）の考えです

第2章

間違いだらけの相続対策その2
相続対策で成功するために必要な6つの正確な思考と行動

相続対策は5つの側面から考える

1つ目はかんじょう面（感情と勘定）

　相続のかんじょうには「感情と勘定」の両面があります。例えば、相続では介護や認知症の親の面倒を見た子供やその嫁が、余分に財産がほしいという勘定が働くことがあります。

　また子供のいない夫婦の場合、嫁と姑の仲が悪く長男に遺産を相続させたとき、「長男が嫁よりも先に死亡すると、先祖伝来の土地が大嫌いな嫁が相続することになるので、長男には相続させたくない」という感情と勘定が働くこともあります。

　実際に相続が発生した場合、税法、法律、「かんじょう」のうちどれを優先するかというと大抵の人は「かんじょう（感情と勘定)」です。理論的に考えれば、相続争いはほとんどなくなると思いますが・・・。

　実際の相続では相続人でない長男の嫁や長女の婿、或は孫などが口を出して、相続人の応援団になって相続人以上に欲を出すこともあります。つまり相続対策はいくら生前に節税対策や納税資金対策をしても、相続開始時の遺産分割の問題で生前に実行したすべての相続対策が無駄になることもあるのです。

　相続の「かんじょう（感情と勘定)」を理解することは、至難のワザです。なぜなら相続の「感情と勘定」に関する本はないからです。また

被相続人（親）の「感情と勘定」と相続人（子供）の「感情と勘定」は異なるからです。

　被相続人の「感情と勘定」を理解するためには、その人の生まれから亡くなるまでの人生の道のりを知る必要があります。ましてや兄弟姉妹の「感情と勘定」を理解することはもっと困難になります。なぜなら結婚後、何年も会っていない、1年に1回程度しか会わない、海外勤務で最近ほとんど会っていない、嫁同士の仲が悪いなどということもあるからです。

　相続の「感情と勘定」を理解するためには、数多くの相続経験がものを言います。ところが相続を経験するのは、一般的に親の相続と親戚の相続ぐらいです。相続対策において「かんじょう（感情と勘定）」を理解することが最も難しい問題なのです。

2つ目は税金面

　相続の税金に関する本は税理士を中心に多く書かれています。生前贈与、現金をアパートやマンションの不動産にして節税する方法などです。最近ではタワーマンションを購入した節税対策などもあります。タワーマンションとは、一般的に高さ60メートル以上、若しくは20階以上のものをいいます。

　タワーマンションを使った例で説明しましょう。節税対策でタワーマンションを購入するとよいという話は本に書いてありますが、タワーマンションについての維持管理の問題や出口戦略についてはほとんど書かれていません。

　タワーマンションの維持管理の問題とは、通常のマンションより工法面で難易度が高くなり、費用が高額になることです。通常のマンションなら足場を組んで対応できますが、タワーマンションの場合、屋上のクレーンから作業用のゴンドラを吊す方法。或は壁や柱にガードレールを施設し、そこにゴンドラを取り付けて上下に移動するやり方になります。このやり方で行うと費用が高額になります。

　またタワーマンションでは、大地震での停電に備え、非常用発電装置

が備え付けられており、この機械が高額になります。同じようにエレベーターは超高速で高性能であり、高額な維持管理費用がかかります。

　タワーマンションは首都圏では、湾岸エリアに多く建てられています。湾岸であれば津波のリスクがあり、通常のマンションより特に潮風や塩分を含んだ雨が吹き付けられ劣化が早く進む可能性も考えられます。

　節税対策の本の中で出口戦略の問題として、タワーマンションをどうやって取り壊すのか、その解体費用はいくらかかるのかという話が書いてあることはほとんどありません。セミナー講師で解体方法や費用について説明する人はいないでしょう。またセミナー受講者でこのような疑問を抱く人もほとんどいないのが実情でしょう。

　<u>タワーマンションの維持管理費用、解体費用はマンションの所有者が負担します。タワーマンションを購入した親は節税対策になるかもしれませんが、それを相続した子や孫は維持管理費用や解体費用を一体いくら払えばよいのでしょうか。</u>またタワーマンションの建て替えには数百人もいる所有者の5分の4の同意が必要ですが、本当に合意できるのか疑問です。

　さらに大規模修繕工事費などの金銭的な負担、また解体費用・売却などの出口戦略の問題は相続した相続人（子供）の問題になります。

　このように<u>タワーマンション1つとっても相続対策には、親の節税対策という税金面だけではなく、子供の不動産面の維持管理費の問題、出口戦略の問題など将来の経済予測からの相続アドバイスが最低限必要になります。</u>

　さらに子供が複数いる場合、1戸のタワーマンションを遺産分割できないという問題が発生します。タワーマンションを多額の借入金で購入すると、子供が借金を相続しなければならないこともあります。しかし多額の借金を相続したい相続人はいません。

　つまり節税対策はできても、遺産分割対策、納税資金対策が上手くいかないことも考えられます。また節税対策をしても、将来相続税法が改正や変更されて逆効果になることさえあります。従って相続対策を成功させるためには、税法に関する正確な思考と行動が必要になるのです。

3つ目は法律面

　相続の法律に関する本は弁護士、司法書士などが遺言書の書き方、遺産分割の方法、相続トラブルの事例などを書いています。しかし遺言書の書き方をいくら勉強しても、自分にぴったり当てはまる事例があるとは限りません。また相続人全員が納得できる遺言書が作成できるわけでもありません。

　実際には親が高齢になり病気や介護、認知症になると、子供が親に遺言書の作成を頼むことが多く見受けられます。本人は自分が死んでも困ることはありませんが、残された遺族（子・妻）は相続で自分達が困らないようにしたいと考え、子が親に、妻が夫に遺言書の作成を頼むことが多いのです。

　遺言書を作成するためには不動産の相続税評価額、相続税額の試算、不動産の時価評価、負債額、生前贈与（特別受益）などを考慮して、「誰に」「何を」相続させるのか考えなければなりません。

　なぜなら遺産分割と遺留分侵害額請求権は時価評価になるからです。時価とは亡くなった時点において、この不動産を売却したらいくらで売れるのかという実勢価格のことです。

　さらに相続税が課税される人であれば、相続のときの納税資金を考慮した遺言書の作成も必要になるでしょう。相続税が課税されなくても、主な財産が自宅しかない人で複数人の相続人がいる場合には、誰に自宅を相続させるのかという決断も必要になります。

　このように遺言書の作成では不動産の時価評価（不動産面）、相続税評価（税金面）、遺言に書くことができる法定遺言事項（法律面）という３つの側面からのアドバイスが最低限必要になります。

　当然のことですが遺言書は死後に役に立つものであり、生前に利用するものではありません。ところが亡くなる人にとっては死後のこと（遺言書）よりも、通常、生前生きているときの生活のこと（生前契約書）が大切であると思っています。遺言書を作成したからといって相続問題がすべて解決できるわけではありません。ましてやその遺言書に相続人

全員が納得する保証もありません。

　死後に起きることの結末は、すべて生前に原因があるのです。ということは相続の生前対策（遺産分割対策・納税資金対策・節税対策）や生前4点契約書®（財産管理等委任契約書・任意後見契約書・尊厳死宣言書・死後事務委任契約書）の作成も重要になってくるのです。

4つ目は不動産面

　これからの人口減少時代に、不動産は富動産、不動産、負動産、腐動産の4つに分類できます。「富動産」とは、今後地価が一部上昇する可能性のある土地のことです。

　「不動産」とは、今後価格を維持できる土地のことです。「富動産」と「不動産」は、相続対策の土地活用において収益性や流動性を確保できる可能性のある土地です。日本全国で両方合わせて10％程度と思われます。具体的には東京、神奈川、名古屋、大阪などの3大都市圏や「札仙広福」と呼ばれる札幌市・仙台市・広島市・福岡市などの地方中枢都市の土地です。

　「負動産」とは地価が継続的に下落する土地です。全国の土地の大半の70％程度が該当します。大都市近郊や地方都市の土地です。具体的には、大都市郊外や地方都市にある高齢タウンの土地、投資目的のワンルームマンション、旧耐震のテナントビル、「消滅可能性都市」内にある土地などです。

　「腐動産」とは、価値がなく売却困難な土地域はマイナスの価値しかない不動産のことです。全国の土地の20％程度が該当します。地域的には東北地方、四国地方、山陰地方などに多く見られます。具体的には山林、原野、別荘、農地、リゾートマンション、無道路地、古いガソリンスタンドの土地、不整形地、エレベーターのない4階建て中古分譲マンション、津波がくると沈む土地などです。

　相続で不動産を所有する場合には、20年～30年経っても不動産需要がある、つまり売却や活用できる土地を見極めて相続することが最も重

要です。なぜなら不動産は売るか、貸すか、住むか、３つの選択肢しかないからです。

　相続対策で土地活用する場合には、「富動産」と「不動産」地域、または短期間で投資資金を回収できる一部の「負動産」地域で実施すべきでしょう。そのためには、生前に不動産を４分類する相続診断をすることが最もよい方法です。

5つ目は相続対策が5つあること

　相続対策には、相続ビジョンの確立と、遺産分割対策、財産管理対策、「腐動産」対策、納税資金対策、節税対策の５つがあります。相続対策はこの順番で行うと上手くいきます。しかしながらほとんどの相続対策の本は、相続ビジョンの確立や「腐動産」対策、財産管理対策の問題には触れていません。

　亡くなる人（親）は90歳以上が多く、その相続人（子供）は60〜70歳代になります。

　最近増えてきた相談は、親が90歳代で子供が70歳代の人です。相続対策を行うのは、親なのか、子供なのかと、面談時に聞かないと分からないことが多くなりました。

　実際に相続対策の手続きをする人は財産を所有する高齢者本人ではなく、財産を承継する子供が進めること多くなります。

　高齢の親の場合、子供が親の後見人となって相続する不動産や金融機関の財産管理、役所や病院の各種療養看護などの手続きをする必要があります。これが高齢者の財産管理対策が必要な理由です。

　「腐動産」対策は、生前に売却することが最善の方法です。なぜなら相続人で価値のない「腐動産」を相続したい人はいないからです。たとえ「腐動産」であっても、毎年固定資産税が課税され、相続時には相続税が課税されるからです。「腐動産」によっては、毎年の維持管理費や草刈り費用などが高額になることもあるからです。

　実際にあった話ですが、先祖伝来の山林を杉や檜の多い価値のある山林と勘違いして長年所有し、或は先祖伝来所有している高名な画家の高

額な絵と勘違いして大事に保管していた人がありました。

　この山林は実際に時価で売買して価値のない雑木であることが判明し、絵画は鑑定評価して価値のない偽物であることが明確になりました。ところが被相続人も相続人もそれまで山林や美術品に価値があると思い込み、先祖伝来の貴重な物だから売却してはいけないと思い込んでいました。従って「腐動産」対策は、生前の相続診断（鑑定評価）が1番重要になります。

相続の根底には感情と勘定の問題がある

相続のイメージと構造

4階	⑤節税対策（生前贈与・「富動産」活用）		
3階	①「腐動産」対策②遺産分割対策③財産管理対策④納税資金対策		
2階	税金面	法律面	不動産面
1階	かんじょう（感情と勘定）		

　上記の図は、相続対策のイメージと構造を表したものです。この図から相続対策を4階の節税対策から始めると大抵失敗することが理解できると思います。よく相続対策の王道として「借金してアパートやマンションを建築すると相続税が下がります。」と、そして「先祖代々の土地を守れます」という話があります。

　借金をすると相続時に借金が残っていますが、相続人（子供）は借金だけは相続したくないと考えます。また築30〜40年の老朽アパートを相続するよりも、現金や生命保険を相続したいと相続人は考えます。例えていえば、中元や歳暮で木の箱の入った1万円のハムを貰うよりも、5,000円の商品券を貰ったほうがいいと思うのと同じ理屈です。

　従来の時代遅れの土地活用の場合、相続人（子）が相続する財産は債務（アパートローン）と老朽アパートになります。新築から相続までのアパートの家賃収入は、既に被相続人（親）が自分の老後のために大抵

使ってしまっています。これでは相続対策にはなりません。

　これは親子とも相続対策に対する正確な思考と行動が働かず、感情と勘定が異なるからこういうことが起きるのです。親は相続対策で自分が出した決断は、たとえそれが間違っていたとしても否定されることで強いストレスを感じ間違いを直そうとはしません。このとき正確な思考は働かず、行動のブレーキを踏むのです。子供も将来の相続の不安を感じて何とかしなければと思うのですが、自分の勘定が先に立つと正確な思考と行動ができないのです。

　相続対策で親が長男の嫁や孫を養子にすることがあります。例えば長男は子供のいない夫婦、二男は子供のいる夫婦の２組がいる場合、その親は子供のいる二男の子供、つまり孫を養子にしたいと考えることがあります。

　戦前生まれの親は、家督相続や戸主という考えが強く養子縁組に関して疑問を持つことが少ないのです。しかし子供のいない夫婦にとって、親の財産を二男の孫養子に相続させ、さらに自分達子供のいない夫婦の財産も兄弟の子供に相続させることに抵抗があります。

　これは子供のいない長男が親の財産を相続し、その長男が亡くなったら「他家から来た嫁が相続するのは横取りだ」と親や兄弟が考えるからです。さらにその嫁が亡くなると、嫁の兄弟姉妹や親族が相続するのは横取りだと考えるからです。

　しかし長男は自分の財産は妻にすべて相続させたいと考え、妻に法定相続分の４分の３を相続させ、４分の１を自分の兄弟姉妹に相続させたいと考える人は少ないのです。

　このように親と子供では相続に関する「かんじょう（感情と勘定）」が異なるため相続トラブルが発生するのです。

相続対策で成功するための６つの正確な思考と行動

　—相続対策で成功するためには、次の６つの正確な思考と行動が必要になります。—

　１、被相続人と相続人の「かんじょう（感情と勘定）」をよく理解し

てから相続対策を行うこと。

2、税金面、法律面、不動産面の知識を使い、正確な思考で相続対策を実行すること。

3、経済や政治状況の変化、税法や法律の改正の変化というマクロ面と、結婚や離婚または個人の考え方の変化というミクロの面から継続的な相続対策を行うこと。

4、まず、相続ビジョンを確立してから、第一に遺産分割対策、第二に財産管理対策、第三に『腐動産』対策、第四に納税資金対策、第五に節税対策という5つの相続対策を、この手順を守って実行すること。

5、相続対策は個人では困難であり、相続対策の専門家のプロジェクトチームで対応すること。

6、「世の中の相続対策の大半は常に間違っており、相続開始時にその間違いに遺族が気づく」ということを頭に入れて、相続対策を実行すること。

相続対策で成功する方法

・先祖伝来の土地は、相続診断をしてから「富動産」「不動産」「負動産」「腐動産」の4つに分類してから実行すること。

相続対策の一つに土地活用があります。まず先祖伝来の土地が、「富動産」や「不動産」なのか、或は「負動産」や「腐動産」なのか、相続診断する必要があります。そして自分が不動産経営を行う能力があるのかどうかを考えることも重要です。

次にその土地に将来性があり、立地条件がよく賃貸需要があるのかどうか判断してから、土地活用をする必要があります。

先祖伝来の土地を守りたいのであれば、最低限次のことを考える必要があります。

① 「立地条件は適しているのか」

② 「誰を入居者とするのか」

③ 「どのような賃貸住宅を建築するのか」

④「建築後、どのように建物と入居者の維持管理、募集活動をするのか」

⑤「最後の入居者の立退き交渉、建物解体費用をどうするのか」

⑥「解体後、建て替えして賃貸経営するのは『誰が』行い、その費用
　を『誰が』支払うのかを、考えてから土地活用と不動産経営計画を
　策定する」必要があります。

　ところが相続対策でこのような最低限のことを考えてから、土地活用
する人はほとんどいません。だから相続対策は成功しないのです。

不動産編　第3章

「相続対策では借金すると相続税が下がってトクをする」の間違い

借金は節税対策にならない

　多額の借金をしてアパート、マンションなどを建築した人は、銀行などの金融機関や建築会社（ハウスメーカー）からこういう話を聞かされたことがあると思います。「借金してマイナスの財産を作って、賃貸不動産にすれば相続税が下がります。その上、賃貸不動産からの収入が見込め、先祖代々の土地を守れますよ。」と、この話を３つに分けて分析し、間違いであることを説明します。

　１つ目：

　更地にアパート、マンションなどを建築して「賃貸不動産にすれば相続税は20％程度下がる」という効果はあります。これは本当です。

　２つ目：

「賃貸不動産から収入が見込める」というのは、建築後の30年間の収入と支出の収益分析を正確にしないと分かりません。なぜなら借金をして賃貸物件を建てる場合、借金の返済リスク、建築して10年目以降の家賃の値下げリスク、空室リスク、土地の値下がりリスク、建物の定期的な修繕費用、大規模修繕費用の問題があります。そして最後に更地にするためには、入居者の立退き費用と建物の解体費用がかかります。

　この収入と支出の計画当初に立てることが重要ですが、結局、空室ばかりで採算が取れず、失敗して二束三文の収益物件として売却されるケースも多く散見されます。

3つ目：

「借金をしてマイナスの財産を作ると相続税が下がる」というのはウソです。借金それ自体では、相続税は1円も下がりません。こういうことは絶対にありません。

借金しても借金しなくても相続税は変わらない理由を以下で説明します。

借金が節税対策になると信じ込んでいる人のためにAとBの2つのパターンを使って比較して説明します。

Aパターン
手持ち現金1億円で賃貸物件を
建築した場合

Bパターン
銀行から1億円借金して賃貸物件を
建築した場合

↓   ↓

ABとも建物の相続税評価額は約5,000万円になります。5,000万円の減額分は借金から生まれた減額ではなく、現金を建物（貸家）に組替えたことで生まれた減額です。

↓   ↓

Aパターンの財産   Bパターンの財産
建物（相続税評価額）5,000万円   建物（相続税評価額）5,000万円

上記の例から分かるように手持ち現金で払っても、銀行から借金して払っても相続税評価額は5,000万円で変わりません。従って借金して相続税が下がるという話はウソです。

人口減少と土地の下落で相続対策モデルの崩壊

1990年の不動産バブルまでは不動産の「時価」と「相続税評価額」の乖離（かいり）を利用した「節税型相続対策」は可能でした。これは不動産の「時価」が急激に上昇し、「相続税評価額」が追いつかなかったことが原因です。

しかしこの方法は不動産の「時価」が永遠に上昇し続けなければ成り立たない「相続対策モデル」でした。日本の人口が減少し、土地の価格

が毎年約1.7％値下がりしている現状では成り立ちません。この相続対策モデルはバブルとともに終わったのです。

　日本は急激な人口減少を毎年続けています。毎年人口減少しているということは毎年現在あるアパートやマンション、戸建住宅を毎年少なくしていかなければならないということです。人口減少でアパート・マンションを毎年減らす対策が必要なのに、なぜ住宅着工件数が増えているのでしょうか？

　借金が節税対策になるというのは間違いです。なぜこの間違いが世間一般に広まったのでしょうか？その理由は、銀行などの金融機関が融資額を拡大するために、アパート・マンションなどを建築する建築会社と税理士と三位一体となってあたかも節税対策になるかのように宣伝したのが始まりです。これは相続税を計算するときの「債務控除」と混同させるやり方です。

　金融機関や建築会社、不動産業者の無料セミナーの目的は、融資することと建てさせることです。アパート・マンションの建築は多額の借金ではなく、自己資金を多くして行うべきであります。自己資金が足りない場合は、不良資産を売却して資金を作った方がよいのです。

「借金すると相続税が下がるとトクをする」と間違えている人は、相続時に借金が残ります。その結果、不動産を売却して相続税を支払うか、或は銀行などに借金をして相続税を支払うという本末転倒な結末になるはずです。また遺産分割が困難な不動産と借金が相続トラブルの要因にもなります。

借金・連帯保証人の相続は厄介

借金の相続は厄介

　アパート・マンション・倉庫などの建築資金として銀行から借り入れたローンは、その賃貸物件を相続した者が承継するのが、当然と思っている人は多くいるでしょう。

ところが借金は相続発生と同時に、自動的に相続人にその法定相続割合で承継されます。最高裁は昭和34年6月の判決で借金は相続開始と同時に法定相続分に応じて分割承継され相続人の共有になるとしました。従って借金や連帯保証人としてのマイナスの財産を相続する時は相当な注意が必要です。ましてや「借金すると相続税が下がるのでトクだ」という間違った考えの持ち主は非常に危険です。

　例えば、前提条件として、被相続人：父親、相続人：母親、長男、二男の3名の場合を考えてみます。

　父親がA銀行から1億円借金すると、法律上この借金は相続発生と同時に、法定相続分の割合で母親5,000万円（法定相続分2分の1）、長男2,500万円（法定相続分4分の1）、二男2,500万円（法定相続分4分の1）ずつ自動的に相続されます。

　相続人間の遺産分割協議で長男が借金1億円を承継すると決めても、A銀行の同意がなければ実現できません。A銀行はこの遺産分割協議に同意せず、A銀行は妻に対して5,000万円、二男に対して2,500万円の返済を求めることができます。

　妻と二男が借金返済から逃れるためには、A銀行の同意が必要です。たとえ遺産分割協議で相続人3名（妻・長男・二男）が、1億円の借金は全部長男が承継すると合意しても実行できるとは限りません。

　つまり借金がある場合、相続人間の遺産分割協議書の作成と銀行の同意取り付けが必要になります。その上、他の相続人との間で「免責的債務引受契約」の締結が必要になります。そして銀行の審査・承継手続きが別途必要となります。

　具体的にいえば、長男の配偶者（嫁）や子供、或は嫁の実家や親戚などが新たな保証人となる手続きが必要になります。その際保証人問題で長男と嫁が家庭内トラブルになったり、借金が相続トラブルに発展することがよくあります。

連帯保証人はもっと悲惨

　連帯保証人の地位を相続した場合も、借金の相続と同様に相続発生と同時に法定相続割合で承継されます。

　例えば、前提条件を次のようにします。被相続人の父親が知人のＢ銀行から借金１億円の連帯保証人になり、相続人が母親（妻）・長男・二男の３名の場合を考えてみます。

　法律上相続発生と同時に母親5,000万円（法定相続割合２分の１）、長男2,500万円（法定相続割合4分の1）、二男2,500万円（法定相続割合２分の１）の連帯保証人となります。

　相続人間の遺産分割協議で長男が連帯保証人の地位を相続すると取り決めても、Ｂ銀行の同意がなければ実現できません。Ｂ銀行が遺産分割協議に同意せず、Ｂ銀行は妻に対して連帯保証人として5,000万円、二男に対して2,500万円の返済を求めることができます。これは借金の場合と同様です。

　さらに困ったことに父の知人が死亡して、知人の相続人全員が相続放棄した場合、父の知人の借金１億円を妻5,000万円、長男と二男は2,500万円ずつＢ銀行に返済しなければなりません。

　借金や連帯保証人の地位は自動的に法定相続割合で相続人が相続するので、銀行の同意がない限り絶対に逃れられません。

　相続が発生すると10カ月以内に相続税の納税と申告があり、相続人間で遺産分割協議書の作成をしなければなりません。その上、借金や連帯保証人を決めたり、銀行と借金や連帯保証の交渉をしたり、アパート・マンションなどの賃貸物件の場合、建物が老朽化すれば不動産管理会社と家賃の値下げの検討をしなければならないことなど多くあります。

　従って本人が元気なうちに借金や銀行などの問題を考慮した「公正証書遺言」を作成して、遺産分割対策をしておくことが重要になります。「本人が借金はトクだ」という間違った考えで、アパート、マンションや倉庫などを建築し、多額の借金や連帯保証の問題を残して死んでも、本人はあの世で困ることは何もありません。しかし借金や連帯保証人の

相続で、この世で困るのは残された遺族（妻・子・孫）です。

　借金と連帯保証人の問題は悲劇を生みます。借金や連帯保証人の問題は、銀行・相続人など関係者が多くなり解決までに時間がかかるので、生前の遺産分割対策が重要になります。

アパートの家賃収入は相続開始と 同時に法定相続分で分割

アパートの家賃収入は法定相続分で分割

　相続財産に家賃収入のあるアパートやマンションがある場合、その家賃収入はアパートやマンションを相続する人が当然に承継するわけではありません。平成17年9月の最高裁の判決で相続発生後、公正証書遺言がない場合、家賃収入は遺産分割協議が成立するまでの間、法定相続人全員で法定相続分で分けなければならないとしました。

　例えば相続人が妻、長男、長女の3人で家賃収入が月額40万円ある場合、相続開始と同時に妻が20万円、（2分の1）、長男10万円（4分の1）、長女10万円（4分の1）を受け取る権利が発生します。従って長女が毎月10万円支払ってほしいと言えば支払わなければなりません。

　また相続開始から遺産分割協議が成立するまでの間、相続人全員が法定相続分の家賃収入があるので、所得税の確定申告をしなければなりません。

　公正証書遺言にアパートは「誰が」相続するのか書いてあれば、アパートから生じる家賃収入は相続開始時から、その相続人のものになります。遺言書がない場合、毎月の住宅ローンは支払わなければならないが、アパートの家賃収入が振り込まれる被相続人の銀行口座は凍結されるという困った事態になります。

借金のあるアパートの相続

　アパートの借金のある人の相続にはいくつかの方法があります。

　1つ目の方法は、1人の相続人が単独でアパートを相続することです。借金によってアパートを建て、その家賃収入からアパートローンの返済をするために大切なことは、建物と土地は同じ相続人が相続することです。

　例えば借金のあるアパートの所有者が親で、子供が連帯保証人の場合、当然親の死後子供が連帯保証人の地位も承継します。子供がアパートローンを承継するとき、銀行などの抵当に入っている建物と土地も同時に相続しなければ、借金の返済ができません。

　つまり建物と土地、その借金は三位一体で相続すべきなのです。そうしないと所得税を計算するとき借金の利息を経費で落とせなくなります。

　2つ目の方法は、1人の相続人がアパートを相続する代わりに「**代償分割**」して、他の相続人に代償交付金（お金）を支払うやり方です。

　3つ目の方法は、アパートを売却して現金化し、借金を返済し残ったお金を相続人で分配する「**換価分割**」という方法です。しかし売却するにしても地方圏の郊外の空室の多いアパートや築年数の相当経過したアパートでは、借金が残るケースもあります。

　借金それ自体が節税対策になることはありません。「相続対策で借金するとトクだ」という考え方自体が間違っているのです。それどころか借金すると相続税の支払いができない、その結果、相続貧乏、相続破産になり全財産を失うリスクもあります。借金を相続したい相続人は誰もいません。遺産分割できないアパートと借金が相続トラブルの原因となります。

　相続対策として行わなければならないことは、高齢者の親の代わりに子供がアパートの維持・管理や不動産管理会社などとの交渉を行うための「財産管理等委任契約書」「任意後見契約書」などの「生前4点契約書®」の作成と、「誰が」アパートを相続するのか決めておく「公正証書遺言」の作成です。

相続対策で成功する方法

・**借金をしないで、不良資産を売却し、その資金でアパート建築を行うこと。**

相続対策ではいまだに「借金すると節税対策になりトクだ」と間違えている人が多くいます。借金や家賃収入は相続人全員が法定相続分で相続します。

従って、死後「誰が」アパートを相続し、家賃収入を受け取り、アパートローンを支払うのかを「公正証書遺言」に書いておくことが必要です。

また生前に高齢の親に代わって「誰が」アパートの維持・管理をするのかを「生前4点契約書®」の1つである「財産管理等委任契約書」や「任意後見契約書」に書いておくことも重要です。

そもそも借金を相続したい相続人はいません。また借金があると、相続のとき納税資金で困ることがあります。多額の借金は、「デッドクロス」の原因になり不動産経営を圧迫します。そして相続貧乏になり「土地持ち死産家®」へ至る近道になります。相続対策では多額の借金をしない方がよいのです。

「相続対策では先祖伝来の土地を守ることが重要である」の間違い
先祖伝来の価値のない土地を守ると「土地持ち死産家®」になる

今後10年で不動産は4極化する
―富動産・不動産・負動産・腐動産に―

不動産は四極化する

　最近、売却できない、貸せない、持っているだけで固定資産税と草刈り費用などのコストがかかる不動産を「負動産」や「腐動産」と称するようになりました。

　不動産は今後10年で一部上昇する可能性がある土地を「富動産」、価値を維持できる土地を「不動産」、毎年地価が継続的に下落する土地を「負動産」、売却困難な土地或はマイナスの価値しかない不動産を「腐動産」の四極化になると予測されます。全不動産の内訳は「富動産」と「不動産」を合わせて10％、「負動産」が70％、「腐動産」が20％程度です。「富動産」と「不動産」は土地活用により収益性や流動性が確保できます。「負動産」は継続的に地価が下落し、一部の地域は「消滅可能性都市」に該当します。そのため早く売却することが望ましい土地です。「腐動産」は大半の地域が「消滅可能性都市」に該当し、「所有者不明の土地」が多くなります。

　国土交通省が毎年発表している地価データーである「地価公示」と「地価調査」があります。このデーターから分かることは、同じ地点にある土地を毎年評価しているので地価の傾向が明確になることです。

　これを参考に現状の地価下落がこれからも毎年続くと仮定すると次の

ようになります。30年後、今より地価が5割以上、下落している地域は、北海道、青森県、岩手県、秋田県などの東北地方全部、石川県、福井県などの北陸地方、岐阜県、三重県の大半、徳島県、香川県、高知県、愛媛県の四国地方全部、佐賀県、長崎県、熊本県などの九州地方、鳥取県、広島県などの中国地方、近畿圏の和歌山県などです。

　一方、30年後も現在の地価を維持できる地域は、東京都、神奈川県の大半、大阪府大阪市、愛知県名古屋市などです。意外に下落率が小さい地域が京都府や沖縄県です。皮肉なことに、現在の新型コロナウイルスの感染者数が多い地域が、下落しにくい傾向にあります。

　このことは将来の地価下落を考えながら相続対策を行う場合、どの地域の不動産を、どのような方法で行うのかによって、大きな資産格差が生まれることを意味します。つまり相続させてよい「不動産」と、相続させない方がよい「負動産」「腐動産」を区別することが重要になります。

　売却困難な「負動産」には老朽アパート、マンション、貸家、古ビルや大都市郊外の高度成長期に分譲された団地内の住宅、田、畑、古いガソリンスタンド跡地やその隣地などがあります。マイナスの価値しかない「腐動産」には、市街化調整区域の田や畑、山林、別荘、原野、リゾートマンション、エレベーターのない４階建て中古分譲マンション、不整形地、無道路地、崖地などがあります。

不動産価格が毎年下落する５つの要因

　今後10年で不動産価格が下がる原因は、主に５つあります。一番大きい要因は日本の人口減少です。そして少子高齢化、需要を無視した新築住宅建設と「30年一括借り上げ（サブリース契約）」による賃貸住宅建設、2022年の生産緑地指定の解除です。

　日本全国の地価は、過去10年間毎年約1.7％ずつ下落しています。人口が減少している地域は、地価が下がり続けます。つまり地価と人口減少には相関関係があります。その結果、9割の土地は人口減少により下がり続けるのです。その内2割は誰も住まない、売れない、貸せない売却困難な土地或はマイナスの価値しかない土地になります。

国立社会保障・人口問題研究所の推計によれば、日本の人口は（2006年にピーク、1億2,774万人）2040年の1億1,092万人を経て、2053年には1億人を割って9,924万人になるといいます。人口減少の影響によって、今後10年〜20年の間に「負動産」や「腐動産」問題は急速に広がることでしょう。

　2013年の総住宅数6,062万9千戸、空き家数819万6千戸、空き家率13.5%です。(株)野村総合研究所では、_2033年には総住宅数7,106万7千戸、空き家数2,146万6千戸、空き家率30.2%_に上昇すると予測しています。

　通常、空き家率が30%を超えると、防犯、地域の景観の問題、行政コストの増大、住環境の悪化など様々な問題が生じる可能性があります。都市部においては、空き家マンション、老朽化しても解体できないマンションなどが今後増加すると言われています。

我が国の人口の長期的推移

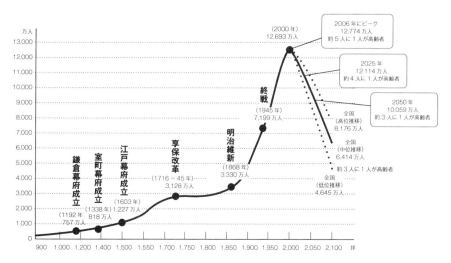

(出典) 総務省「国勢調査報告」、同「人口推計年報」、国立社会保障・人口問題研究所「日本の将来推計人口（平成14年1月推計）」、国土庁「日本列島における人口分布変動の長期時系列分析」（1974年）をもとに国土交通省国土計画局作成。

少子高齢化は地方の地価を下げる大きな要因になります。2019年日本人全体の高齢者は29％、20歳～64歳は55％、19歳以下はたったの16％です。高齢者だけでなく、誰でも生活に便利な場所、医療、介護施設の充実した地域、公共交通の移動手段のよい地域に住みたいものです。その結果、都市部に人口が集中し、地方では空き家、空き店舗、耕作放棄地などが増加します。

　例えば、高度経済成長期に分譲された大都市郊外のベッドタウンは、ほとんどが人口減少で、不動産価格は下落トレンドが続きます。かつてのニュータウンも、今ではオールドタウンになっています。

　国土交通省の「建築着工統計調査報告」によると2014年（平成26年）の新設住宅着工戸数は88万470戸です。(株)野村総合研究所の予測では、2030年度には63万戸、2040年には41万戸に減少していく見込です。それでも新設住宅着工戸数は供給過剰で地価下落の要因になっています。空き家が増え続けているのに、新築住宅を建築するのはおかしなことですが、政府の景気刺激策によって続いているのです。

　さらに賃貸需要がない立地条件の悪い土地に、アパートやマンションを建築させる営業手法が「30年一括借り上げ（サブリース契約）」です。節税対策で実際の需要に関係なく新築アパートなどを建築すると、周辺の空き家が増加し家賃収入が下がります。10年後、20年後、空き家の多いアパートやマンションになって売却困難な「腐動産」が増加し、地価が下がります。

　さらに追い打ちをかける要因が2022年の生産緑地問題です。1992年に生産緑地法が改正され、大都市圏の一部自治体が指定した土地については、固定資産税が農地並みに30年間軽減され、相続税の納税猶予が受けられる「生産緑地制度」が適用されました。

　この法律が期限を迎えたとき、所有者が農業に従事できなくなったり死亡した場合、所有者は市区町村の農業委員会に土地の買取り申請を行うことができます。そして市区町村が買取らない場合には、この生産緑地指定は解除されます。その結果、固定資産税が大幅に値上がりし、土地所有者は土地を維持管理できず、売却するしかなくなります。

2022年に生産緑地制度の期限が到来すると、多くの宅地が市場にいっせいに放出される可能性があります。全国の生産緑地には約100万戸の戸建てが建築できると予測され、実際に行われると地価下落の大きな要因となります。

不動産が「負動産や腐動産」になる理由

　1873年（明治6年）の地租改正により、日本に初めて私的所有権が確立されました。それ以降不動産バブル（1990年）まで不動産価格は上昇し続けました。不動産価格は上がり続けるので、結婚して住宅ローンを組み、ローン返済のために定年まで働き続け、一戸建てのマイホームを持つことが正しいことであると思われてきました。

　しかし地価が毎年継続的に下がる時代には、不動産を所有するか、賃貸にするのか、または新築物件にするのか、中古物件にするのかは人それぞれの価値観によります。2013年ノーベル経済学賞を「Ｓ＆Ｐケース・シラー住宅価格指数」で受賞したシラー教授は、「大きな家を買うのはお金の無駄遣い、家を買うことは素晴らしい投資でなない」という考え方です。

　相続によって親の不動産を相続する人（子供）は、不動産を選択して所有することはできません。相続人には優良不動産だけ相続し、不良不動産だけを捨てる選択肢はありません。

（1）旧耐耐の中古分譲マンションは「腐動産」になる

　国土交通省の推計では、築30年超の分譲マンションは今後20年で約3倍の528万戸に増える予測です。旧耐震基準（昭和56年以前）の中古分譲マンションでエレベーターのない４階建て分譲マンションは、売却困難な不動産になります。

　その理由は、分譲マンションの場合、固定資産税、管理費、修繕積立金が毎年発生し、そのコストが年間数十万円かかるからです。リフォームして貸出す場合、リフォーム費用は最低数百万円かかります。またす

ぐに借り手が見つかる保証はありません。万が一、入居希望者があっても家賃は安くなり、資金回収をするには時間がかかります。

　ほとんどの人が相続後、売却や賃貸で不動産収入を得ることができると思っていますが、現実には空き家になりコストだけがかかる「負動産」になります。新築の賃貸物件が多く供給されている時代に、相続した自分が入りたくない中古分譲マンションに一体誰が入りたいのでしょうか。

（2）大都市郊外や地方都市の団地の住宅は「負動産」になる

　1990年のバブルまでは人口が増加し、大都市郊外や地方都市では多くの団地が建築されました。ところが現在これらの地域では、住民の高齢化が進み、子供は一緒に住まなくなり空き家が増加しています。

　庭のある一戸建てはファミリー層には良いかも知れませんが、単身者世帯や高齢者世帯、夫婦2人の世帯にとっては、大都市の交通の便や生活に便利なマンションの方がよいのです。

　実際にあった話ですが、地方都市の団地に40年前4,000万円で住宅を建築しました。その家の相続では、家の解体費用に200万円かかり、更地で売却しても買い手が見つからないことが予想され、誰も相続したくないということがありました。高度成長期にできたニュータウンはオールドタウンになったのです。このような地域では益々空き家が増加するでしょう。

（3）リゾートマンション・別荘は「腐動産」になる

　リゾートマンション・別荘の失敗例で全国的に有名なのが、新潟県湯沢町のリゾートマンションです。この地域ではバブルの頃58棟、約1万5,000戸が建設され分譲されました。かつて3,000万円から5,000万円以上で販売されたリゾートマンションが今や10万円で売りに出されています。

　筆者（後東）は湯沢町にあるＡ不動産会社の売買物件を調べました。179件中133物件が100万円以下でした。物件の概要は次の通りです。「価格10万円、間取り2Ｋ、専有面積38.94㎡、ＪＲ上越新幹線越後湯沢駅、最寄バス亭より徒歩7分、1977年（昭和52年）11月」

　このようなリゾートマンションを相続したほとんどの人が売却したい

と考えているはずです。しかし10万円以下でも売れていません。これが「腐動産」の現実です。売却できない理由は簡単です。所有すると固定資産税、管理費、修繕積立金、そして使っていなくても水道代、電気代などの基本料金がかかるからです。狭い住居で年間30万円程度、広い住居で年間60万円以上かかります。20年間所有すれば、600万円から1,200万円のランニングコストが必要になるからです。

　新潟県湯沢町のリゾートマンションで起きていることは、全国のリゾートマンション、別荘で見られることです。所有するだけで税金や管理費が徴収されるやっかいな「腐動産」であると感じる人が増えているのです。

（4）新築ワンルームマンション投資は「負動産投資」になる

　新聞広告や無料セミナーで新築ワンルームマンションへの投資話をよく見かけます。謳い文句は「相続の節税対策になる」「貯金しても利息が付かないが、新築ワンルームマンションは利回り4％です」などです。

　結論から申し上げると、必ずソンをする投資話です。新築は資産価値が高いと言いますが、新築ワンルームマンションは購入した瞬間にソンをします。なぜなら新築の不動産物件は販売価格に土地代、建築費、その上、デベロッパーの利益、販売する不動産会社の利益、広告宣伝費などが上乗せされています。そのため同じような家賃の中古物件に比べて20％程度割高になることが一般的です

　またよくある営業トークに「『30年一括借上げ』で空室リスクがない」があります。『30年一括借上げ』といっても、2年ごとに家賃の額は減額して変更ができます。30年間家賃が変わらないというわけではありません。

　家賃収入を単純に物件の購入価格で割った「表面利回り」は4％程度です。表面利回り4％から、毎月のローン、管理会社に支払う管理料約10％～15％、固定資産税、火災保険料などの経費を差し引くと毎月の収入はたいてい赤字になります。

　新築ワンルームマンションは専有面積が狭く、設備のレベルは低く、内装もよくありません。賃貸仕様の物件は分譲仕様の物件とは建物の造りが根本的に異なり、転売しにくい収益不動産です。新築ワンルームマ

ンション投資は、販売価格が割高で、転売しにくく、空室リスクが高くなります。

　30年後このような新築ワンルームマンションを相続したい人はいないでしょう。

（5）老朽アパート・マンション・古ビル・貸家は「負動産」になる

　相続しない方がよい不動産に1981年（昭和56年）以前に建築された旧耐震基準の老朽アパートやマンション、古ビル、貸家などがあります。このような物件を第三者で購入する人はほとんどいません。なぜならこのような物件は銀行融資が難しいからです。また購入してから入居者との立退き交渉をし、建物を解体して建て替えるまでに相当な時間とお金がかかるからです。

　しかも入居者との立退き交渉する場合、運送費、転居通知などの引越し費用、移転先の取得費用の敷金や礼金、不動産仲介料などの負担、また移転先によって増額した家賃の差額の支払いなどが発生するからです。

　さらに古ビルやマンションなどにテナントが入居している場合、居住権、営業権、休業補償などの問題があります。入居者は移転すれば今よりも大幅にテナント料が高くなるだけではなく、移転しても従来のお客様がそのまま継続して利用してくれるかどうかという不安もあります。

　賃貸物件の立退き交渉は、家主（地主）しかできず、法律により不動産業者に依頼できません。また立退き交渉は時間とお金、それに交渉術が必要になります。ほとんどの人が相続したけれど、立退き交渉費用、建物解体費用、建て替え費用がないためにそのまま放置しておく人が多いようです。

「腐動産」が売却できない本当の理由
―「腐動産」が粗大ゴミや産業廃棄物になる時代―

不動産仲介業者の本音

　10年先、20年先を考えた場合、ほとんどの土地の価格は値下がりし

ているでしょう。「負動産」や「腐動産」の価格は、10万円〜1,000万円以下の物件がほとんどになるでしょう。

　ここで問題となることが、国土交通省が定める宅地建物取引業者が宅地または建物の売買などに関して受取ることができる報酬の額です。宅建業者が宅地建物の売買・交換・賃貸の代理、媒介を行って受取る報酬の上限額を定めているのです。

　仲介手数料の上限額は以下の通りです。

　・取引額200万円以下の金額は、取引額の5%以内（税抜）

　・取引額200万円を超え400万円以下の金額は、取引額の4%以内（税抜）

　・取引額400万円を超える金額は、取引額の3%以内（税抜）

　尚、400万円を超える物件については、次の計算式で仲介手数料の上限額を速算することができます。（取引額×3％＋6万円）×1.1

　仲介手数料の上限額の計算式は以下の通りです。

　例えば、取引額100万円の手数料を計算すると、

　100万円×5.5％＝5万5,000円となります。

　例えば、取引額1,000万円の手数料を計算すると、

　（1,000万円×3％＋6万円）×1.1＝39万6,000円となります。

　もうお分かりでしょう。売却困難な1,000万円以下の格安物件を扱っても、不動産会社の利益にならないのです。それどころか100万円の「腐動産」でも5,000万円の「不動産」でも、人件費や営業コストなどの手間はほとんど同じです。

　従ってほとんどの不動産会社は、1,000万円以下の格安物件は何もせず、ただ放置するだけです。だから何年経っても売れないのです。このような理由から、「腐動産」は増え続けるのです。

日本中の３割が所有者不明土地に

　2017年（平成29年）12月13日、「所有者不明土地問題研究会」（座長：増田寛也東京大学公共政策大学院客員教授、元総務相）が発表した最終報告概要は次の通りです。

　・約2割の日本全体の土地が所有者不明土地になる。（宅地17.4％、農

地16.9%、林地25.6%）

- ・2016年時点の所有者不明の土地面積は、約410万ha（九州の土地面積は約367万ha）
- ・2040年の所有者不明の土地面積は、約720ha（北海道本島の土地面積は約780万ha）
- ・2020年～2040年に発生する土地の大量相続時代の到来で、約27～29％が未登記になる可能性がある。

「所有者不明土地」が増加した原因は、相続のときに登記されてこなかったことが原因です。不動産登記は義務ではなく、登記するときに登録免許税、司法書士などの費用がかかるので、多くの相続人が宅地、山林、田、畑などを登記せずに放置したからです。

　もう1つの原因は、親が亡くなり兄弟姉妹で不動産を共有者で所有していると、自分だけの意思で身動き取れないことがあります。また時間が経過して子や孫が共有者になり、売却するにしても全員の合意が必要になるからです。

―2040年の所有者不明土地面積は、約720ha（北海道本島と同じ面積）―

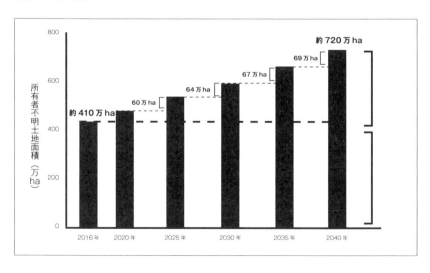

「先祖伝来の土地」「親の思いがある家」だからといって、子供が住む
わけでもなく、お金をかけてリフォームして賃貸に出すわけでもなく、
売るという決断ができないまま放置されているから「所有者不明土地」
になるのです。

「所有者不明土地」問題は土地だけではなく、分譲マンションでも発生
します。中古分譲マンションは1棟の建物を区分所有者が所有し、入居
者の共有部分が多く管理費や修繕積立金を払い続けなければなりません。

　中古分譲マンションは相続時に相続人が管理組合に届けず、管理費や
修繕積立金の滞納が生じている所があります。最も難しい問題が中古分
譲マンションの建て替え問題です。

　分譲マンションの解体費用は高く、土地が売れる保証がなければ取壊
しも難しいのです。

消滅可能性都市―「負動産」が「腐動産」に変わる時代―

　日本創成会議（座長：増田寛也東京大学公共政策大学院客員教授、元
総務相）が打ち出した「消滅可能性都市」の考え方があります。「負動産」
問題を考えるときの参考になると思いますのでご紹介します。「消滅可
能性都市」とは、人口流出、少子化が進み存続できなくなる恐れがある
自治体を指します。

「消滅可能性都市」の定義は、「2010年から2040年にかけて、20～
39歳の若年女性人口が5割以下に減少する市区町村」となります。全国
の市区町村1,799のうち、896がこれらに該当します。創成会議の推計
によると、青森県、岩手県、秋田県、山形県、島根県の5県では8割以
上の市町村に消滅可能性があるとされました。

「消滅可能性都市」では人口が減少し、空き家が増加し、不動産価格が
暴落し、やがて売却困難な格安「負動産」に町全体がなってしまう可能
性があります。このような市町村にある相続した親の家は、早く売却し
ないと「腐動産」になる可能性があります。

粗大ゴミ同然の「腐動産」を処分する方法

「腐動産」を相続放棄する方法

　相続しても売却困難な土地或はマイナスの価値しかない「腐動産」と判断した場合、相続放棄という方法があります。

　相続放棄は、プラスの財産もマイナスの財産も、一切の相続財産を相続しない方法です。相続の開始があったことを知ってから3か月以内に家庭裁判所に対し、「相続放棄申述書」を提出しなければなりません。相続放棄は単独でもでき、認められれば、初めから相続人でなかったものとして扱われます。その場合代襲相続はありません。

　2018年時点の相続放棄の件数は、21万5,320件で、10年で1.4倍に増えています。尚、2018年（平成30年）の相続税の課税対象となった被相続人数は11万6,341人です。圧倒的に相続税の課税対象者よりも相続放棄の件数の方が多いのです。相続放棄の原因は、「腐動産」、借金問題などです。

　限定承認は、プラスの財産の範囲内でマイナスの財産を相続する方法です。限定承認は、法定相続人全員が共同してのみ、申請が可能です。また相続の開始があったことを知ってから相続放棄と同様に3か月以内に、家庭裁判所に申し出る必要があります。

　しかし限定承認は家庭裁判所への申立てが複雑なほか、相続財産の中に不動産がある場合が多く、準確定申告や譲渡所得税の申告が必要になる場合が大半です。また実行にあたり弁護士、税理士、不動産鑑定士などのチームで対応することが必要になります。従ってほとんど利用されていません。

　相続放棄で注意すべき点は3つあります。1つ目はリゾートマンションや山林、別荘などの「腐動産」を相続放棄する場合には、他に預貯金があったとしてもそのお金も放棄しなければならないことです。

　2つ目は相続人全員が相続放棄した場合には、相続放棄した相続人にも「遺産の管理義務」が残ります。民法には次のような規定があります。

「相続の放棄をした者は、その放棄によって相続人となった者が相続財産の管理を始めることができるまで、自己の財産におけるのと同一の注意をもって、その財産の管理を継続しなければならない」(民法第940条第1項)

　この規定により相続放棄しても相続人であった者は、相続財産管理人が選任されるまで相続財産を管理しなければならないのです。万が一、空き家を放置すれば、壁や屋根などが壊れ通行人に被害を及ぼす可能性があります。中古分譲マンションを放置しておいて、それが原因で水漏れなどの事故となったり、山林から道路にはみ出した木を切らずに近隣住民から苦情がくることもあります。このようなケースでは、相続人の管理責任を問われ、損害賠償請求を受ける可能性があります。

　もし、財産管理を継続したくなければ、家庭裁判所に相続財産管理人の選任申立てを行い、報酬を年間数十万円支払うことになります。しかし現実には、報酬がかかるため相続財産管理人の選任申立てをする人は非常に少ないのです。

　3つ目は民法には「所有者のない不動産は国庫に帰属する」(第239条2項)の規定がありますが、現実に国が「腐動産」を引き取ることはほとんどありません。その理由は単純明快です。価値のない山林やマイナスとなるリゾートマンション、土地などの相続財産を欲しくないからです。

　司法統計によると、2018年(平成30年)相続財産管理人が選任された件数は約2万1,000件です。ところが不動産を引き取ってくれる人が見つかるまで、業務が終了しない場合には報酬がかかります。つまり相続財産管理人の報酬に年間数十万円、経費などに充てるための予納金100万円程度が発生するケースが多くあります。結局、相続放棄にはお金がかかるのです。

　そうなると、相続して固定資産税、草刈り費用、木の伐採費用、分譲マンションの管理費や修繕積立金などの維持管理費を支払っていた方が安く済む場合も考えられます。結局、相続登記をしないで「所有者不明土地」にしておいた方がトクだと考える人が増えるのです。

マイナス価値の「腐動産」はお金を支払って引き取ってもらう

　中古分譲リゾートマンションを「お金をもらって引き取ります」という話を聞いたので調査してみました。

　その内容は、現所有者から3年分の管理費、修繕積立金、固定資産税、部屋の不用品の撤去費用、部屋の修繕費用、本来、買い手が負担すべき税金などを払わせることで、所有権を自社の関係法人に移転させるスキームでありました。

　このビジネスモデルのスキームは、リフォームしてリゾートマンションに興味のある中国人に転売する作戦ではないかと思われました。もし転売できなければ、永遠に管理費、修繕積立金、固定資産税を支払わなければなりません。建物は解体できますが、土地は消すことはできません。ましてや区分マンションを自分の部屋だけ消すことはできないからです。

　売却困難な土地或はマイナスの価値しかない「腐動産」は、今後は粗大ゴミや産業廃棄物と同じようにお金を買主に支払って、引き取ってもらう時代になるのではないかと思います。筆者（後東）が知るところ、世界中で不動産を現実に捨てられる国はないようです。

　相続税が納税できなければ「腐動産」を物納すればよいと言う人がいますが、平成18年に税法改正があり、今では売却困難な土地或はマイナスの価値しかない「腐動産」の物納はほとんどできません。

地価が下落しても、
なぜ固定資産税・相続税は下がらないのか？

大都市よりも地方ほど固定資産税が高くなる理由

　固定資産税は、不動産を所有している人なら必ず支払わなければならない税金です。その不動産が所在する市町村に納税されます。地方では土地の価値（時価）が下がっているのに、税金は下がらない。なぜ、このようなことが起きるのでしょうか。

地方税の内訳は、市町村民税と固定資産税の２つの税収で全体収入の約9割を占めます。市町村では自主財源の約5割を固定資産税に依存しています。財政規模の小さい市町村になると8割程度になります。

　毎年人口は減少しても、土地と建物は残り、それが使用されない空き家でも、市町村に存在する限り固定資産税は課税されます。固定資産税を大幅に下げてしまうと、地方財政は成り立たなくなるのです。つまり固定資産税は地方にとって貴重な財源であり、下げることができない実情があるのです。

　ここで、固定資産税の計算方法を確認しておきましょう。

　固定資産税評価額×1.4％（別途都市計画税が0.3％かかります）

　大都市も地方も1.4％は同じです。

　固定資産税の算出根拠となる「公示価格」は、国土交通省の土地鑑定委員会が毎年1月1日時点で評価して3月に公表します。そのための作業は、全国の不動産鑑定士が参加して、全国約2万5千地点の評価を行います。

　固定資産税評価額は、市町村（東京23区は都）が算定し、「公示価格」の70％程度の水準になるように調整されています。3年に1回評価替えが行われ、固定資産税や法務局の登録免許税などの算定基準となります。

　問題は固定資産税評価額の算出根拠である「公示価格」にあります。この「公示価格」が下がらないように市町村がしているのです。鑑定評価する不動産鑑定士の仕事は、地方では市町村の依頼が多く、行政の意向を無視できないのです。

　実際に筆者（後東）が知人の不動産鑑定士から聞いた話では、時価（実勢価格）が下落しているから、鑑定評価見込額を下げようとすると、先輩の不動産鑑定士から次のように言われたそうです。「先輩の不動産鑑定士の長年の努力を尊重して欲しい。前年度の地価を踏まえて欲しい・・・。」と。

　こうして地方ほど時価とかけ離れた高い「公示価格」が作成されます。その結果、毎年継続的に値下がりしている「負動産」や「腐動産」であっても、高い固定資産税評価額がつくのです。だから毎年徐々に地価は下

落しても、固定資産税は下がらずそのまま変わらないのです。

大都市より地方の建物ほど固定資産税が高くなる理由

　地方の建物の方が大都市の建物より固定資産税は高くなります。その理由は建物の大きさに原因があります。まず基本的な建物の固定資産税評価額から説明します。建物なら再建築価格の約50%〜70%、または新築時の請負工事金額の約50%〜60%です。

　建物の設備には、非常に細かく点数が定められています。建物が完成すると県税事務所の職員が来て建物の中を見たり、また設計書を見たりして、構造や設備を細かく確認してそれぞれの評点を計算します。

　固定資産税の評点は、総務省が定めた固定資産税評価基準により決定され全国一律です。同じ大きさの建物であれば、地方も大都市も同じ固定資産税評価額になります。そこでなぜ、地方の固定資産税が高くなるのか？という疑問にお答えします。

　例えば、2億円の予算で、大都市と地方にマンションを購入したケースを考えます。大都市であれば、土地代が高いので大きな建物のマンションを購入できません。ところが土地代の安い地方であれば、大きな建物のマンションを購入できます。

　つまり同じ値段であれば、地方の方が大きな建物のマンションを購入できます。建物の固定資産税は全国一律で計算されるので、建物の規模が大きくなればなるほど固定資産税は高くなるのです。

大都市より地方ほど相続税が高くなる理由

　相続税の基となる「路線価」は国税庁が算定し「公示価格」の80%程度の水準になるように調整されています。相続税や贈与税の計算に使われ、毎年1月1日時点で調査して7月に発表されます。

　先ほどの固定資産税と同じ理由で、国の財源となる相続税も行政の意向を受けて下がらないのです。地方ほど時価（実勢価格）とかけ離れた高い「公示価格」になるので、相続税の算定基準となる「路線価」も高くなるのです。

地方より大都市の不動産の相続税（路線価）の方が、同じ金額なら安くなります。なぜこのようなことが生じるのでしょうか。「小規模宅地の評価減の特例」を使って説明します。

　例えば、地方で坪20万円の自宅100坪、駐車場900坪、相続税評価額2億円の土地を持つ人と、大都市で坪200万円の自宅100坪、相続税評価額2億円の土地を持つ人を比べてみましょう。

　そしてこの自宅に「小規模宅地の評価減の特例」を330㎡（100坪）、80%減額を適用したケースを考えてみましょう。

　・地方では（100坪×20万円）×0.8＝1,600万円減額されます。

　2億円の相続財産のうち評価額が減額される金額はわずか1,600万円だけです。

　残りの1億8,400万円には相続税が課税されます。

　・一方、大都市では（100坪×200万円）×0.8＝1億6,000万円減額　されます。

　2億円の相続財産のうち評価額が減額される金額は1億6,000万円です。

　残りの4,000万円には相続税が課税されます。

　つまり相続税の優遇税制は、面積割合で適用されるので大都市の坪単価の高い「不動産」が有利になるのです。土地は面積で持つのではなく、立地条件のよい坪単価の高い土地で持つ方が有利なのです。そのような土地を相続した方がよいのです。つまり地方の1,000坪より銀座の10坪です。

　また消費税は国民全員に課税され、値上げにほとんどの人が反対します。ところが相続税は財産を持った人、土地を多く持った人に課税されるため反対する人が少ないのが実情です。2018年（平成30年）相続税の改正後、実際に課税があった被相続人（死亡者）の数は、100人のうち9人（9%）です。政治家も財務省も課税されない国民が多い相続税は値上げがしやすいのです。

　特に新型コロナ終息後、財政再建が必要になり相続税や固定資産税（都市計画税）などの増税を国や地方自治体は考えるのではないでしょうか。

不動産四極化時代を考えた相続対策が必要

地価は三大都市圏と地方圏の四極化時代

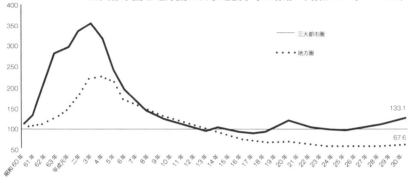

三大都市圏と地方圏の公示地価水準の推移（昭和60年＝100）

—— 三大都市圏

・・・・ 地方圏

（出所）国土交通省資料より作成

　上図のように三大都市圏（東京圏・大阪圏・名古屋圏）と地方圏の公示地価水準の推移を見ると、昭和60年（1985年）を100とした場合、三大都市圏ではバブル前より3割程度高い水準となっています。一方、地方圏ではバブル期より3割程度低い水準になっています。

　昭和60年に1平方メートル当たりの全用途平均地価は三大都市圏で28万3,400円、地方圏で9万7,300円、約3倍の価格差がありました。それが34年後の平成30年（2018年）では大都市圏37万7,300円、地方圏6万5,800円と約6倍の価格差に拡大しました。このことは<u>大都市圏と地方圏の地価水準の格差が拡大し続けていることを意味します。つまり地価の二極化です。</u>

　大都市圏の地価はさらに二極化しています。例えば、品川駅と田町駅の中間の高輪ゲートウェイ駅ができ、駅を中心にオフィスビルや宿泊施設などの高層ビル群が建設されました。また名古屋駅周辺には、リニア中央新幹線開業に向けて、名古屋市は名古屋駅前の再整備を検討してします。これらの地域は地価が上昇する**「富動産」**となります。また大都

市圏の地域は地価が維持できる**「不動産」**になります。

　一方、地方圏の地価は人口減少などの影響を受けてほとんどの地域が**「負動産」**になります。また地方の需要のない旧耐震の中古分譲マンションやリゾートマンション、高度成長期に分譲された団地の住宅、別荘、山林、原野、無道路地、崖地、古いガソリンスタンドとその隣地などは売却困難な土地或はマイナスの価値となる**「腐動産」**になります。

　このように地価は四極化していますので、相続対策は不動産を４つに分類してから行う必要があります。

「富動産」対策は収益性と流動性を考えて不動産活用することです。相続対策で注意して欲しい点は、遺産分割対策ができるようにしておくことです。つまり１棟の分割できない立派なビルを建設しないことと、納税資金を確保することです。

「不動産」と「負動産」対策は、お金と時間をかけて事前によく不動産の調査分析を行うことです。なぜなら建築会社や不動産業者などが行う従来の借金して賃貸アパート、マンションを建築し、「30年一括借り上げ」を行う「節税型相続対策」は時代遅れであるからです。

「腐動産」対策

「腐動産」対策は、極めて簡単です。一日も早く売却することです。「腐動産」は持っているだけで税金がかかります。所有期間中に活用しなくても毎年「固定資産税（都市計画税）」がかかります。相続時には「相続税」、売却するときには「譲渡税」がかかります。

　筆者は今まで遺族が相続した不動産の売却のお手伝いを数多くしてきました。山林、別荘、宅地、貸宅地（底地）、定期借地権の土地、老朽化した１棟のアパート、マンション、古ビル、中古分譲マンションなどを処分してきました。最近では、これらの不動産を、子供から相続したくないと言われて生前に処分する人も増えてきました。

　筆者が以前相続税申告コーディネート業務を依頼されたとき、遺産の中に地方の山林がありました。その山林の面積は、ゴルフ場18ホールが20カ所分取れる面積（名古屋市より大きい面積）があり、地方の名

士で山林王の人の所有でした。

　相続税の申告のときに現地調査して分かったことは、山林の維持管理に２名の使用人、３か所の森林組合の管理費、固定資産税、山林を維持管理する会社の経費などに多額のコストがかかっていることでした。山林の杉や檜は材木にして切り出して売れば売るほど赤字になりました。またその地方は「消滅可能性都市」に該当し、南海トラフ地震がくれば津波に見舞われる土地でもありました。

　これらの調査結果を踏まえて、山林や土地はすべて売却した方がよいと遺族にアドバイスしました。山林を売却するために、杉や檜の売値を決める人２名、山林の買い手を探す人２名、山林の未登記の土地を整理する人２名、現地で作業を取りまとめる人１名、そして相続全体のスケジュールやスキームを考える相続コーディネーター（後東）の複数で対応しました。

　山林は登記名義人が死亡しており、その相続人が多数となっている土地、所有者が所在不明な土地、遺産分割がされていない土地など「所有者不明土地」が多くありました。また探索しても真の土地所有者にたどりつけないリスクもありました。

　この実体験で思ったことは、「腐動産」の処分で最も大切なことは、誰が処理のスキームを策定するのかということと、そのための報酬と費用、時間をどこまでかけられるのかという判断をすることでした。結局、この山林の処分に5年の歳月がかかりすべての山林の売却を終えました。

　先祖伝来の「負動産」や「腐動産」をただ守っているだけでは、近い将来9割の人は「土地持ち死産家Ⓡ」になります。毎年継続的に地価が約1.7％ずつ下落する土地であっても、相続税は上がり、固定資産税はアップするか横ばいになります。

　日本全国の9割の土地の価格は下落するが、10年20年経っても税金は下がらず、地価と税金の乖離が拡大し益々維持管理コストが増えます。これからの時代は「負動産」や「腐動産」は持つと損する時代になります。

相続対策で成功する方法

・<u>先祖伝来の悪い土地（負動産・腐動産）を処分して、そのお金で優</u>
　<u>良資産（富動産・金融資産）に組み替えること。</u>

　不動産は今後四極化します。上昇する可能性がある**「富動産」**、土地
の価値を維持できる**「不動産」**、地方圏などの毎年徐々に下落する**「負**
動産」、売却困難な土地或はマイナスの価値しかない**「腐動産」**に分類
されます。

　日本中の９割近くの土地は、収益性や流動性が少ない土地活用に向か
ない土地になります。このような先祖伝来の土地で無理に土地活用や
「30年一括借り上げ」を利用した賃貸住宅を建築しないで、不良資産で
あれば売却して、優良資産（富動産・金融資産）に組み替えることがよ
いでしょう。

　相続対策は先祖伝来の悪い土地をただ単に守ることに執着するのでは
なく、不良資産を優良資産に組み替えてから相続させる**「資産戦略型相**
続対策®**」**がよいのです。

不動産編　第5章

「相続対策は不動産を利用した節税型相続対策がよい」の間違い
日本人の９割が『土地持ち死産家®』になる理由

不動産四極化時代の相続対策の方法と手順

不動産を時価評価する

　不動産の相続対策として考えるべきことは、まず不動産の現状を把握することです。その際相続税評価額（路線価）や固定資産税評価額ではなく、時価（実勢価格）を想定してその土地の地価を大別して４分類した「不動産評価一覧表」にまとめることが大切です。

　土地は「富動産」や「不動産」であれば有効活用できる土地、或は有効活用しているが問題のある土地、「負動産」であれば売却する土地と残す土地、「腐動産」であればすぐに売却する土地の4つに分類します。

　土地を資産として考えるとき、土地の価値を知ることが大切です。土地の価値を知るためには相続税評価額（路線価）ではなく時価を知ることです。実際にこの土地はいくらで売却できるのか、有効活用できるのか、時価での判断が最も重要となります。

　不動産の時価を調査するのは不動産業者の業務になり、土地活用は相続コーディネーターの業務になります。土地の有効活用に関して、時価が相続税評価額や固定資産税評価額より高いときには意味があります。しかし時価が相続税評価額や固定資産税評価額より非常に低い地価では土地活用の意味はありません。

　実際に筆者（後東）が経験したある地方都市の話ですが、幹線道路に面した土地で坪単価35〜40万円で売買されていた土地が、南海トラフ

65

地震の津波で沈没する土地に該当するということが発表されてから、坪単価10万円程度になり売却困難になりました。

　ところが市街地の高台にあって売却困難な雑木林や竹林が宅地造成して坪単価20万円で売買されるようになりました。しかし相続税評価額や固定資産税評価額は以前のままでした。

　いかに時価で現状を把握することが、生前の不動産の相続対策として重要かお分かりいただけたと思います。そして「不動産評価一覧表」には、所在、地積、相続税評価額（路線価）、固定資産税評価額、時価、年間収益、年間費用などを調査して記入します。

　相続税評価額（路線価）については税理士、時価については地元の不動産業者や不動産鑑定士などに依頼します。現在アパートやマンション、倉庫、駐車場などを経営されている方は、年間収益と年間費用を調べることは簡単です。現在有効活用していない不動産については予想される収益と費用を試算します。尚、固定資産税は費用に含めます。

　そして「不動産評価一覧表」に収益性と流動性を付け加え、不動産だけではなく金融資産や生命保険などの資産もすべて時価評価して相続税の試算を行います。

不動産の「資産戦略型相続対策®」の方法と手順

　不動産の「資産戦略型相続対策®」の方法と手順は以下の通りです。

1、第一段階：不動産の評価

↓①担当：相続コーディネーター

　②内容：地価を4分類する。(富動産、不動産、負動産、腐動産に分類)、不動産の時価評価

2、第二段階：相続税の試算

↓①担当：相続コーディネーター、税理士

　②内容：不動産に金融資産や生命保険などを加えて相続税を試算する。相続税を試算する前に、相続人間の遺産分割案が必要になる。

3、第三段階：不動産を４つに分類

↓①担当：相続コーディネーター

②内容：活用できる土地（富動産・不動産）

・・・収益性と流動性の観点から賃貸事業が成り立つかど
うかで判断する。

・現在活用しているが問題のある土地（負動産）

・・・１棟の老朽アパート、マンション、古ビル、貸家、
低収益な駐車場、貸宅地（底地）など。

・継続して残す土地（不動産）

・・・自宅、個人商店、事業用の土地、農業用の土地など。

・売却する土地（負動産）

・・・自宅にならない、有効活用もできない土地など。

・売却困難な土地やマイナスの価値になる土地（腐動産）

・・・山林、原野、別荘、リゾートマンション、エレベーター
のない４階建て分譲中古マンション、田、畑、不整形地な
ど多数。

4、第四段階：解決策である資産戦略型相続対策の提案

↓①担当：相続コーディネーター

②内容：不動産の有効活用（後東式戸建賃貸®、
１棟の収益不動産購入、区分マンションの購入など）

・不動産の生前贈与（節税対策と納税資金対策）

・不動産の法人化（節税対策と納税資金対策）

・「負動産」や「腐動産」の売却

・「負動産」や「腐動産」を売却した資金で金融資産運用の立案（納
税資金対策）

・「30年一括借り上げ」契約の解除・売却提案

・問題のある「負動産」や「腐動産」の解決策提案

・「負動産」や「腐動産」を売却した資金で生命保険活用の立案。（遺

産分割対策、節税対策、納税資金対策の３つの提案）

5、第五段階：相続開始

↓①担当：相続コーディネーター、税理士、司法書士

②内容：不動産の相続税評価額を下げる。（不動産鑑定士など）

・500㎡以上の地積規模の大きな宅地の評価など。

＊「資産戦略型相続対策Ⓡ」は筆者の商標登録です。

不動産を４つに分類する

次になすべきことは「不動産評価一覧表」をもとにして不動産を分類することです。不動産を有効活用する土地、現在活用しているが問題のある土地、継続して残す土地、売却する土地、売却困難な土地（或はマイナスの価値しかない土地）に分類します。

有効活用できる土地は、収益性と流動性（換金性）の２つの観点から判断します。収益性は不動産の収益から費用を引いた利益を時価で割った率で判断します。

・計算式は｛（年間賃貸収入－費用（固定資産税など）｝÷時価＝収益率です。

流動性はその土地が３ヵ月以内に売却できるかどうかで判断します。相続のときに10か月以内に売却できる見込がなければ「腐動産」に分類します。

有効活用する土地は収益性も流動性も高い土地で、賃貸事業として成り立つかどうかが判断の基準です。既存の老朽アパートや駐車場などで低収益のものは問題のある土地になります。

継続して残す土地とは自宅や個人商店、事業で必要な土地、農業用の土地になります。売却する土地とは、自用地（自宅等）にも有効活用もできない土地で、利用されずに放置されているものになります。

こういった土地は生前にすぐ売却して、納税資金対策として金融資産運用した方がよいでしょう。預貯金は保有しているだけでわずかですが

利息も付きますが、「腐動産」は持っているだけで固定資産税や管理費がかかり、所有しているだけでマイナスになるのですぐに売却した方がよいのです。

　売却困難な土地（或はマイナスの価値しかない土地）とは、以下のように非常に多くあります。山林、原野、別荘、リゾートマンション、エレベーターのない４階建て分譲中古マンション、田、畑、大都市郊外や地方都市のかつてニュータウンであった団地内の住宅、旧耐震の１棟アパートやマンション、古ビル、無道路地、高圧線下の土地や家、自殺などの事故物件、間口狭小、不整形地（三角形など）、古いガソリンスタンドとその隣地、消滅可能性都市にある土地、共有名義の土地、借地権付き建物、貸宅地(底地)、多額のローンのある不動産、市街化調整区域内の土地に内緒で建てた家、役所の許可なく増改築をして建ぺい率や容積率が超過している家などです。

　これらは売却困難な「腐動産」でも毎年固定資産税や草刈り費用、管理費がかかり、その上相続税も課税されます。だから一日も早く売却した方がよいのです。

　筆者（後東）は相続人に依頼されて１棟の老朽アパート、古ビル、山林、宅地、田、畑、ゴルフ会員権業者が取り扱わないゴルフ会員権、書画骨董、刀剣、美術品、古い洋酒、切手、古銭などを売却した経験がありますが、売却困難な土地などの売却には知恵と経験が必要です。

　現在活用しているが問題がある土地とは、既にアパート、マンション、倉庫、駐車場などで利用されてはいるが低収益なものです。これは今後どのように収益を改善させるかがポイントになります。不動産の相続対策で最も大切なことは、不動産活用の問題点を把握し、時価評価をして現況を正確に分析することです。

　不動産の時価評価で難しいのはアパートやマンションの場合です。一般的に簡単な方法として収益還元法があります。

　収益還元法の計算式は、収益÷期待利回り＝時価になります。

　不動産市場では賃貸アパートなどを投資家に売却する場合、年間賃料を収益とし期待利回りで割り戻した収益還元価格を使用するのが通常で

す。

　このとき注意してほしい点はこの売却価格は土地と建物を一体として時価を算出していることです。つまりアパート・マンションの時価は、相続税評価額や固定資産税評価額とは関係なく、投資家が儲かると思って買う金額が時価（購入価格）なのです。

　例えば更地価格5,000万円、新築時の建物価格5,000万円、築35年で空室のある老朽アパートで、年間賃料240万円で管理状態の悪い場合、

　　時価の計算式は、240万円÷10％（期待利回り）＝2,400万円、

　このアパート１棟の売却価格は2,400万円となり、更地価格5,000万円、新築時の建物価格5,000万円の合計1億円の価格を大幅に下回ることになります。

9割の人が「土地持ち死産家®」になる5つの主な要因

「土地持ち資産家」と「土地持ち死産家®」の比較

土地持ち資産家	土地持ち死産家®
①有料セミナー、有料個別相談に参加	①業者の無料セミナーや無料個別相談に参加する。
②先祖伝来の「負動産」や「腐動産」を売却し、優良資産の「富動産」や「金融資産」に組み替える。	②先祖伝来の不良資産である「負動産」や「腐動産」をただ守ることに執着する。
③多額の借入金をしないので「デッドクロス」にならないアパ・マンを建築する。	③多額の借入金により「デッドクロス」になるアパ・マンを建築する。
④「30年一括借り上げ」をしないで不動産経営を行う。	④「30年一括借り上げ」を行い不動産経営に失敗する。
⑤相続の専門家による有料の「資産戦略型相続対策」を行う。	⑤建築会社や不動産業者の営業マンによる無料の「成り行き相続対策」を行う。
⑥相続税の納税資金に十分な余裕あり	⑥相続税の納税資金不足
⑦遺産分割争いの可能性なし	⑦遺産分割争いの可能性大
（公正証書遺言の作成）	（公正証書遺言なし）
⑧不動産と金融資産とのバランスがよい	⑧不動産が多く金融資産が少ない
⑨不動産はすべて単独名義	⑨不動産は共有名義が多い
（夫婦・兄弟姉妹の共有名義なし）	（夫婦・兄弟姉妹の共有名義あり）
⑩農業を継続して営むために納税猶予をする。	⑩農業をやらないのに形式的な果樹園にして納税猶予をする。
⑪相続の戦略的なビジョンがある	⑪成り行き相続で相続ビジョンがない
・「誰が、何を、どのように相続するのか」というロードマップがあり、あるべき相続の姿が明確である。	・相続のあるべき姿がなく、何が正しく、何が間違っているのかさえ、判断することができない。

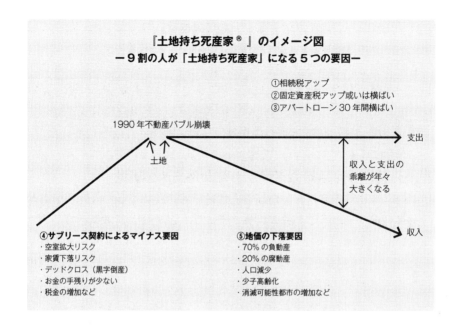

『土地持ち死産家®』のイメージ図
－9割の人が「土地持ち死産家」になる5つの要因－

①相続税アップ
②固定資産税アップ或いは横ばい
③アパートローン30年間横ばい

1990年不動産バブル崩壊

土地

支出

収入と支出の
乖離が年々
大きくなる

収入

④サブリース契約によるマイナス要因
・空室拡大リスク
・家賃下落リスク
・デッドクロス（黒字倒産）
・お金の手残りが少ない
・税金の増加など

⑤地価の下落要因
・70%の負動産
・20%の腐動産
・人口減少
・少子高齢化
・消滅可能性都市の増加など

　先祖伝来の土地を守ろうとする人の9割は、「土地持ち死産家®」に
なる可能性があります。その理由は簡単です。1つ目は、日本中の不動
産が今後10年で、毎年継続的に下落する土地（負動産）70％、売却困
難な土地或はマイナスの価値になる土地（腐動産）20％になるからです。
　その証拠に、<u>日本全体の所有者不明の土地が約2割有り、2016年時
点の所有者不明の土地の面積は、約410万haあります。</u>なんと九州全
土の土地面積約367万haより多いのです。
　2つ目は、毎年継続的に地価が下がり続けても、相続税は上がり、固
定資産税はアップするか或は横ばいで変わらないからです。
　3つ目は、最近多くの地主がやっている「30年一括借り上げ（サブリー
ス契約）」による賃貸経営は儲からないからです。繰り返しになりますが、
再度説明します。
　サブリースで賃貸住宅を建築する場合、農地や市街化調整区域に新築
したり、最寄りの鉄道駅まで1,000メートル以上離れた場所が多くあります。

つまり立地条件のよくない需要のない「負動産」や「腐動産」地域に建築しているからです。

　もう１つは家賃収入の問題です。サブリース契約する場合、賃料の10％～15％程度の手数料を払います。また入居時の敷金、礼金、家賃は、広告宣伝費という名目でオーナーはたいていもらえません。従って実質約20％以上の代行手数料になり、絶対オーナーは儲かりません。

相続対策は「土地持ち資産家」になるための戦略

　不動産は売却する、自分が住む、他人に貸すという３つの選択肢しかありません。また売却、住む、貸すにしても建て替えがある場合とそうでない場合があります。30年前の不動産バブルまでは土地さえ持っていればいいという時代でしたが、今では土地を持っているだけでは価値はなく、不動産に価値をもたらすのが有効活用です。

　市街化区域内の農地などで柿やブドウの木を植えて、果樹園にして農業を形式的に営んでいる人がいます。これは固定資産税や相続税の評価を下げるための方法ですが、農業を承継しないのにこのような方法をとることは、不動産の有効活用においても相続対策においても中途半端であり、単なる相続問題の先送りといえます。

　くどいようですが土地は売却するか、他人に貸すかしか選択肢はありません。土地という資産を運用してこそ資産家といえるのです。資産には大別して不動産資産と金融資産の2つがありますが、どちらも運用してこそ資産家と呼べます。

　しかし実際には「土地持ち資産家」と「土地持ち死産家®」の二者が存在します。前記の「土地持ち資産家」と「土地持ち死産家®」の比較のイメージ図で説明できます。相続のたびに納税資金に困り、アパートローンの返済に追われている「土地持ち死産家®」も散見されます。

　資産家とは元となる不動産や金融資産をバランスよく持ち、それを増やせる人のことです。不動産についていえば不動産を時価評価して4つに分類し有効活用できる人が資産家なのです。そのためには専門家のアドバイスは必要不可欠です。

金融資産についていえば金融知識や投資理論を理解しある程度のリスクが取れる人が資産家です。そのためにはＦＰ（ファイナンシャル・プランナー）などの専門家にアドバイスを受ける必要もあります。

　建築会社（ハウスメーカー）や金融機関の営業マンに相談して資産運用をしている人は資産家にはなれないでしょう。手数料稼ぎのプロ営業マンにアドバイスを求めること自体が間違っているのです。

　相続対策は資産家になるための戦略です。先祖伝来の土地であれば、「負動産」や「腐動産」の売却について親子、兄弟姉妹のかんじょう（感情と勘定）の相違などが生じることも想像されます。しかし相続対策は客観的な分析と思い切った決断が求められます。

土地活用で成功する方法

・先祖伝来の「負動産」や「腐動産」を売却し、「富動産」や「不動産」を活用すること。

　先祖伝来の悪い土地（負動産・腐動産）を守ろうとすると、９割の人が「土地持ち死産家®」になります。毎年の固定資産税は横ばいか値上がりし、将来の相続税はアップします。

　しかし人口減少で、毎年徐々に地価は下落し、最後には売却困難になることもあります。その上、アパートローンは30年間横ばい、『30年一括借り上げ』で家賃収入は減少し手残りは少なくなります。

　先祖伝来の地価の減少する土地は売却し、収益性と流動性があり価値ある「富動産」や金融資産に組み替えることこそが、相続対策の土地活用で成功する方法です。

最後に私からあなたへ質問を投げかけたい！

　あなたは「富動産」を持つ、「土地持ち資産家」であり続けたいのか？

　それともあなたは先祖伝来の「負動産」や「腐動産」を持ち続け、「土地持ち死産家®」になりたいのですか？

.

「相続対策は家賃保証のある『30年一括借り上げ』がよい」の間違い

サブリース契約の管理委託契約の問題

①2つの管理委託方式

　賃貸物件の管理委託方法には2つあります。一般的な管理委託方式とサブリース方式（30年一括借り上げ）方式です。一般的な管理委託方式では、大家（オーナー）と入居者が賃貸借契約を結びます。一方、<u>サブリース方式では、サブリースをしている管理会社と入居者が賃貸借契約を結び、大家は入居者と契約関係はありません。</u>

　一般的な管理委託方式は、大家から管理業者が委託を受けて管理業務を行う方式です。従って管理業者が入居者からのクレームやトラブル、家賃の集金などの対応を行いますが、最終的な費用やクレーム対応は大家が負います。一般的に管理業者に支払う報酬は、共益費を含む家賃の3〜5％程度です。

　一方、30年一括借り上げ（サブリース方式）は、管理業者（サブリース業者）が大家から建物を一括して借上げ、管理業者自らがアパートやマンションの貸主となり、入居者との賃貸借契約やクレーム対応、建物の維持管理などを行う方式です。

　大家は管理会社と一活借り上げ契約（サブリース契約）を締結し、入居者の有無に関わらず管理会社から大家に対して毎月一定額の賃料が支払われます。最終的な入居者からのクレームやトラブル、空室リスクなどについては管理会社が責任を負います。管理料は一般的に共益費を含

む家賃の10%〜15%程度です。

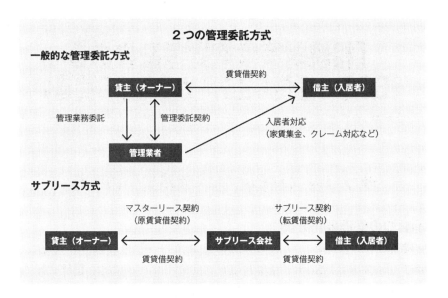

２つの管理委託方式

一般的な管理委託方式

貸主（オーナー） ←賃貸借契約→ 借主（入居者）

管理業務委託 ／ 管理委託契約

管理業者

入居者対応
（家賃集金、クレーム対応など）

サブリース方式

マスターリース契約
（原賃貸借契約）

サブリース契約
（転賃借契約）

貸主（オーナー） ← → サブリース会社 ← → 借主（入居者）

賃貸借契約　　　　　　　　　　　賃貸借契約

②サブリース契約の法律の問題

　相続対策で多額の借金をしてアパート・マンションを建築しても、「自分で建物や入居者の管理ができない。家賃の集金に手間がかかる。入居者からのクレーム対応が面倒。修繕の方法が分からない。空室が出ても対応できない。なんだか将来の相続と借金が不安だ！」と思う人が多くいます。

　その心理面の不安を取り除き、背中を押すのが「30年一括借り上げ（サブリース契約）」です。もし、あなたが不動産経営の雲行きが怪しくなり困難な状況にいるとしたら、あなたのせいではありません。それは建築会社やハウスメーカーの悪意あるちょっとした秘密の犠牲者なのです。「借地借家法」は弱者になりやすい借主（賃借人）の保護を念頭にしている法律で、借主に家賃の減額請求を認めています。「民法」では借主が建物の維持のために必要な修繕を行った場合、貸主（賃貸人）に必要な費用を請求できるとしています。

　「30年一括借り上げ（サブリース契約）」の場合、借主は情報の豊富な

強者であるサブリース会社で、貸主は大半がアパート経営の知識や経験のない弱い大家です。

　つまり本来、弱者の入居者（賃借人）を守るべき法律（借地借家法と民法）が強者である建築会社（ハウスメーカー）が家賃の減額請求や修繕費の請求ができ、弱者である大家が拒むことができない仕組みになっているのです。この点がサブリース契約の法律の問題なのです。

大家から見たサブリース契約の落とし穴

③サブリース契約の基本的な仕組み

　入居者から支払われる敷金、礼金、更新料などは大家に支払われるのが通常です。ところがサブリース契約では入居者から支払われる敷金、礼金、更新料などはすべて管理会社（サブリース会社）の収入になります。

　またサブリース契約直後から入居者が入居していても、大家への家賃の支払いは通常1か月から2か月ありません。これを免責期間といいます。これはサブリース業者の空室リスクを補うための手段です。このことを知らない大家さんが多いようです。

　廊下や階段などの共用部の掃除や水道光熱費、部屋のリフォーム費用、建物の維持管理費用などの修繕費は特約で取り決めがなければ、すべて大家の負担になり、サブリース業者は一切負担しません。

　入居者の退去に伴う室内清掃、畳やクロスの張替えなどの原状回復における入居者の負担分は、サブリース会社が管理している敷金により精算されます。ところが原状回復に伴う大家の負担分は、サブリース会社ではなく大家の負担になります。

④家賃は2年ごとに見直しできる

「アパート、マンションを建築しても30年の長期一括借り上げで安心」
と建築会社はいいますが、30年間保証賃料が変わらないわけではありません。ところが地主は「30年一括借り上げ」のサブリース契約によっ

て、家賃や保証額がそのまま変わらないと誤解している人が多くいます。大家に非常に多い間違いは、当初の家賃保証が30年間続くという勘違いです。

　例えば新築当初家賃10万円で業者と地主が30年一括借り上げの契約をしたとします。当初空室が出た場合、保証会社から家賃の9割（9万円）が支払われます。ところが建築して10年を過ぎてアパート、マンションが古くなって空室が出てくると、保証会社は「家賃を8万円に下げてください」と地主に言ってくるのです。

　この家賃値下げに同意すると、今度は空室に対する家賃保証は家賃8万円に対して9割（72,000円）に引き下げられます。このように空室が出ると業者は満室にするために家賃の値下げを要求するのです。

　30年間同額の家賃保証があると誤解している地主には寝耳に水どころか、アパート、マンションのアパートローン返済計画や相続対策そのものを変更しなければならないようになります。

　人口減少による空室の増加は、サブリース業者の収益を圧迫するので、今後益々家賃の値下げや30年一括借り上げ契約の解除が多くなると思われます。賃貸借契約書は契約する前によく理解しておくことが必要です。「一括賃貸借契約書」には、次のようなことが一般的に書いてあります。『借上賃料は、契約開始日から10年間契約書の借上賃料とします。10年が経過した後は、甲（大家）と乙（サブリース会社）は協議のうえ、2年ごとに経済状況、周辺家賃相場、法制度や税制度の改正などにより借上賃料が不相当になったときは、甲と乙とは協議して借上賃料を見直すことができる。』という文言が必ず記載してあります。

　この文言は契約から10年間は借上賃料（一般的に家賃の85％〜90％）を保証するが、その後2年ごとに借上賃料の見直し（減額）ができるという意味です。

　しかも重要な点は、サブリース契約では借主が管理会社であっても、2年ごとに家賃の減額請求ができるということです。つまり一般の入居者と同じように借地借家法第32条が適用されるということです。

　地主がアパート・マンションの家賃を一方的に下げられることに対し

て、平成15年10月最高裁はサブリース契約（30年一括借り上げ）であ
つても、借地借家法32条1項の賃料減額請求が可能であるという業者が
勝利する判決を下しました。また翌16年11月にも最高裁は業者が勝利
し、地主が敗訴する判決を下しました。

⑤業者は大家との契約を一方的に解除できる

　また「本契約について、甲（大家）と乙（サブリース会社）との協議
が整わないことにより、本契約の継続が著しく困難な状態になったとき
は、乙は催告のうえ、本契約を解除できる。」という文言が通常記載さ
れています。

　この言葉の意味することは、もし、大家が借上賃料の値下げに反対し
たら、サブリース業者から契約を解除できるということです。

　サブリース会社は新築のときは儲かるので契約を継続し、築10年経
過したら家賃を大幅に下げ修繕費で儲けます。それでも儲からないとき
は契約を解除するように仕向け、契約を解除しない地主には一方的に契
約を解除します。

　サブリース会社が家賃の値下げ要求を地主にする場合、空室が出たか
らというより儲からないアパートと縁を切るための契約解除のテクニッ
クとして使うことも多いようです。一般的に築20年頃に契約解除が多
く見られます。

　もう1つ契約解除のとき注意すべきことは、契約書に契約解除したと
きの地位継承についても文言があるかないかということです。文言がな
い場合、契約解除になったとき、現在の入居者をサブリース会社が、自
らが管理する他のアパートに持って行くことがあるからです。
『本契約が終了したときは、甲（大家）は乙（サブリース会社）と貸主
（転貸人）としての地位を承継するものとします。乙は転借人（入居者）
との賃貸借契約書を甲に引き渡し、乙は転借人（入居者）より預かって
いる敷金を甲に交付するものとする。』と、記載してあるかどうか確認
する必要があります。このように書いてあれば安心です。

　いずれにしてもサブリース会社との契約が解除された場合、入居者募

集リスク、空室リスク、家賃下落リスク、建物管理リスクなどが発生します。

　そもそも筆者はこのような「30年一括借り上げ（サブリース契約)」が不動産ビジネスとして成立するのかどうか疑問です。また相続対策としても建築費、敷金、礼金、更新料、免責期間中の家賃、毎月の管理料約10％〜15％などが収益を下げ納税資金の確保になりません。収益物件として見た場合、土地の価値を下げる相続対策になります。

　アパート・マンションは多くの人が相続対策で建築します。その際多額の借金をします。その借金に利息がつき、築15年頃から「デッドクロス（黒字倒産)」になり、年々家賃を下げられ、高い修繕費用がかかり、儲からなくなったら契約解除されます。その結果、残るのはアパートローンと老朽アパートやマンションの建物になり、その物件を相続人が相続するということになります。

業者から見たサブリース契約の仕組み

⑥業者は管理料・礼金・更新料などで儲ける

　「30年一括借り上げ」のアパートやマンションの建築費は、通常、世間相場の1.5倍〜2倍程度で建築します。世間相場4,000万円のアパートであれば、6,000万円から8,000万円の建築費になります。また敷金、礼金、更新料などはすべてサブリース会社の収入になります。

　仮に月額賃料7万円、10室、管理料15％で計算してみましょう。

・敷金7万円×3か月分×10室＝210万円

・礼金7万円×2か月分×10室＝140万円

・更新料7万円×1か月分×10室＝70万円

　更新料とは、通常アパートやマンションなどを借りる際には契約期間を設定しますが、期間終了後もその物件に住み続けたい場合には、契約の更新が必要になります。その際、毎月の家賃とは別に支払う手数料のことを言います。一般的に2年更新で家賃の1か月分を支払うことが多

いようです。

「30年一括借り上げ」の基本的な仕組みは次の通りです。一般的に借上賃料の大家が約85〜90%、サブリース会社が15%〜10%の収入となります。サブリース会社の業務は、建物の修繕、建物と入居者の管理、入居者を斡旋するための広告宣伝などです。

サブリース会社の10年間の管理料15%の場合は、次のような計算になります。

・借上賃料7万円×0.15%×10室×12か月×10年＝1260万円

また契約直後に免責期間が1か月から2か月あり、この期間の賃料7万円はサブリース会社の収入になります。

・契約直後の家賃7万円×10室×2か月分＝140万円

⑦業者は建築費・修繕費等で儲ける

新築費用は安い方がよいのですが、「30年一括借り上げ」のアパート・マンションの新築費用は、世間相場に比べてかなり高く地主は損をする仕組みになっています。安い建築材料を使って施工費を抑えて、建築会社（ハウスメーカー）が利益を多く出す仕組みです。

築年数が経過すれば雨、風などにより屋根、外壁、設備などの修繕が必要になります。「30年一括借り上げ」の場合、修繕はサブリース会社の指定業者を使わなければなりません。指定業者の修繕費は、世間相場より高額です。このことは相見積もりを取れば容易に分かることです。

地主が自分で修繕費を安く抑えようとして別の業者を使うと、「30年一括借り上げ」契約は解除されます。従ってほとんどの地主は嫌々高い修繕費用を支払うことになります。

定期的に行う修繕費や15年ごとに行う大規模修繕費用も同様に、通常世間相場の1.5倍〜2倍程度の修繕費になります。500万円の修繕費であれば、750万円から1,000万円程度になります。

もし裁判で地主が勝訴しても、その間の時間とお金は損をします。また勝訴しても本来の相続対策のためのアパート・マンション経営としては赤字で大失敗でしょう。

このように建築費、修繕費は世間相場に上乗せされ、敷金、礼金、更新料、免責期間中の家賃などは保証賃料の確保と空室リスクに備えてプールされ、そのお金を大家に10年間保証家賃として支払います。その後は、2年ごとに家賃の値下げなどで保証家賃に対応します。

「30年一括借り上げ」は相続対策にならない

　⑧相続対策で先祖伝来の土地に多額の借入金をして、立派なアパートやマンションを「30年一括借り上げ」契約で建築することは、2つの大きなリスクを負います。

　まず賃貸経営ビジネスとしては、<u>筆者（後東）は成立たないビジネスモデルであると思います。その理由は、第一に通常借上賃料の10％〜15％を支払うことで賃貸経営は成り立ちません。</u>その上、古くなれば定期的な修繕が必要になり、大規模修繕費には数百万から数千万円の費用がかかります。

　最後に更地にするためには、入居者の立退き料、建物の解体費用など最低数百万から数千万円の多額の費用がかかります。また先祖伝来の土地を守るのであれば、更地にしてから建物の建て替え費用が最低数千万円から億単位の多額の費用がかかります。<u>つまり「30年一括借り上げ（サブリース契約）」は地主がリスクを取り、リターンは業者が取るシステムなのです。</u>

　もう1つは、この賃貸物件を相続したくないリスクです。なぜなら立派な1棟の建物を建築した場合、相続人間で遺産分割できないからです。また相続発生時には、建物が老朽化して収入が少なくなり、支出が多くなるからです。さらに借入金がその時点で残っていれば、借入金を相続したい相続人は誰もいないでしょう。

　多くの時間とお金をかけて、先祖伝来の土地を守るために「30年一括借り上げ」を続け、不動産経営を継続させる意思が相続人にあるのかどうか考える必要があります。その意思がなければ、早くその不動産を

手放すことを考えないと、売り時を逃すでしょう。そしてその後、「土地持ち死産家®」への近道を歩む可能性があります。

　2015年（平成27年）に相続税の改正による大増税があり、その相続対策として「30年一括借り上げ」のアパートやマンションを建築する地主が増加しました。10年後の2025年（令和7年）には、サブリース契約10年目の家賃見直しで、家賃の大幅な値下げなどが予想されます。これが2025年のサブリース大問題です。

相続対策で成功する方法
　・相続対策では「30年一括借り上げ」をしないで不動産経営すること。
「30年一括借り上げ」は、賃貸経営ビジネスとして成り立ちません。なぜなら30年間の家賃保証は、当初の10年間は大家のお金を建築費や敷金、礼金、更新料、契約直後の免責期間中の家賃などの名目で管理会社に一旦プールしておき、そのお金で家賃保証をしているにすぎないからです。

　10年後は、修繕費などを管理会社にプールし、その上2年ごとに家賃を下げて家賃保証を行っているのに過ぎないからです。これでは大家が儲かるどころか必ず損をします。当然、節税対策、納税資金対策にもなりません。「土地持ち死産家®」への近道になるだけです。

　相続対策で重要なことは、「30年一括借り上げ」をしないことです。

相続対策で「サブリース契約（30年一括借り上げ）」は絶対やってはいけない
2026年約400万戸のサブリース爆弾破裂、売却困難なアパートが急増

サブリース契約の実態

⑨サブリースとは何か

「一括借り上げ」とサブリースは、一般的に同じような意味で使われていることが多い言葉です。ところが、厳密には意味が異なります。

サブリースとは、サブリース会社が一括借り上げした賃貸物件をオーナーに（大家）に代わって第三者（入居者）に貸すことです。「又貸し」「転貸」とも呼ばれます。オーナーからサブリース会社が借りる「一括借り上げ」は、マスターリースと呼ばれます。

従って、先に「一括借り上げ」をしなければ、サブリースが成立しない仕組みです。まず、オーナーが所有する物件をサブリース会社が「一括借り上げ」し、それを入居者にサブリースするという流れです。

本書では、「サブリース」を、「30年一括借り上げ」の内容を含んだ意味で使用します。

民法では、無断転貸が禁じられており、貸主（オーナー）の承諾を得ずに借主（入居者）が転貸した場合は、賃貸借契約の解除が可能になります。但し、貸主が承諾すれば、第三者（サブリース会社）への転貸が可能となります。

サブリースはこのような転貸借の仕組みをハウスメーカーが巧妙に悪用したものです。サブリース会社はオーナーの空室リスクなどの不安心理に付け込み、2割程度安い賃料で借上げることができれば、確実にサ

ヤが取れるのでサブリース契約をするのです。一般的に清掃や入居者募集などの物件の管理の場合、家賃の5％程度が限界です。それに比べたら、4倍程度の収益が発生します。

　ハウスメーカーが相続税対策になるといってアパートやマンションを建てさせ、その物件を自社資本のサブリース会社が一括借り上げ、それを転貸して収益を上げるビジネスモデルです。この方法は、法律上合法です。

⑩サブリース戸数

　大手のハウスメーカーの多くはサブリース事業を手がけており、物件の9割以上がサブリースとなっています。2021年度管理戸数1位の大東建託グループ、4位の大和リビング、5位のレオパレス21、6位の東建コーポレーション、9位の旭化成不動産レジデンス、10位のビレッジハウス・マネジネントはサブリースで確実に売上を上げています。大東建託グループは新型コロナウイルス下においても、1年で4万4,044戸増えました。

　サブリース会社は、空室の有無に関わらずオーナー（大家）には「満室」といいます。どうしてそのような説明になるのでしょうか？例えば、10部屋のアパートを所有するオーナーがいて、その内3室が空室とします。このとき通常では、大家の収入は7室分のみです。ところが、サブリース契約では、サブリース会社が10室借上げるので、大家からすると10室中10室借りられている状態です。だから、サブリース会社は大家に「満室」というのです。

　サブリースが広く行われるようになったのは、昭和60年頃からです。10年前の2012年（平成24年）に上位10社のサブリース戸数は約220万戸でした。全国賃貸住宅新聞が公表している「2021年管理戸数ランキング」では、業者の管理戸数とサブリース戸数が以下のように発表されています。

2021年サブリース戸数ランキング

	管理会社	管理戸数	サブリース戸数	サブリース率
1位	大東建託グループ	117万4264戸	116万1858戸	96.4%
2位	積水ハウスグループ	65万7,190戸	非公開	
3位	スターツグループ	61万2,953戸	2万6,153戸	4.3%
4位	大和リビング	60万428戸	55万5438戸	92.5%
5位	レオパレス21	57万3,673戸	57万1,726戸	99.7%
6位	東建コーポレーション	25万5,416戸	24万60戸	94.0%
7位	ハウスメイトグループ	23万676戸	11万3866戸	49.4%
8位	東急住宅リース	10万6,879戸	2万6040戸	24.4%
9位	旭化成不動産レジデンス	10万6094戸	9万7699戸	92.1%
10位	ビレッジハウス・マネジメント	10万5,478戸	10万5,478戸	100%

2021年（令和3年）サブリース戸数ランキング上位10社のサブリース戸数は約350万戸です。

＊非公開の2021年積水ハウスグループのサブリース戸数を60万戸として計算しました。

⑪サブリースの実態

　2019年（令和元年）6月公益財団法人日本住宅総合センターのサブリースに関する報告書を見ると、通常の賃貸住宅とは異質な側面が数多くあります。以下に報告書のポイントを10コにまとめてみました。

　①賃貸経営を始めたきっかけは、サブリース等による供給では、「今後の安定した収入を得るため」（63.9％）以外に、**「将来の相続税対策のため」（34.4％）**、「所有していた遊休地や農地の固定資産税対策のため」や「不動産業者等に勧められたため」が他の供給形態に比べて多いこと。

　②賃貸住宅は最寄りの鉄道駅まで、通常は1,000メートル未満に建築しますが、サブリース等では1,000メートル以上離れた割合が27.9％と多い。

　③通常、賃貸住宅がある区域区分は市街化区域ですが、サブリース等では「市街化調整区域」に立地する割合が多く14.8％と多くなっている。

④賃貸住宅の建築資金は、1億円未満が多いが、サブリース等では、「1～2億円未満」の割合が多い。しかも1～2階建てが70.5％と多く、木造より建築費が高い鉄骨造が60.7％と多い。

⑤一括借り上げの契約期間は最長35年、平均して22.97年となっています。これはサブリース会社が、「儲からなくなったアパートを一方的に契約解除する時期が23年目である」ということを意味します。（契約解除された築古賃貸住宅を23年後、大家である親或はその子供である相続人が、どのように不動産経営するのでしょうか？）

⑥サブリース等の場合、契約の更新時に「家賃を減額して更新した」割合は、47.5％で、概ね築10年以上経過すると、7割以上が家賃の減額を経験していること。

⑦サブリース等の場合、オーナーが受け取る家賃額は、サブリース会社が受け取る家賃額の80.43％が平均値となっていること。つまり入居者の支払う家賃10万円の場合、サブリース会社が毎月2万円、オーナー（大家）が毎月8万円受け取っていることになります。（このような賃貸経営をして収益が出るのでしょうか？）

⑧サブリース等を選んだ理由について、「管理や運営の手間がかからない」が88.5％と最も多く、次いで「空室や家賃滞納等のリスクがない」82.0％、「賃貸経営の知識がいらない」が29.5％となっています。

⑨管理形態は2010年まですべて大家の自主管理や管理委託（一部管理含む）が8割程度と最も多くありました。ところが、建築時期が新しいほどサブリース等（一括借り上げ）の割合が多く、2011年（平成23年）以降では、45.9％と異常なほど高くなっています。

⑩まとめると、平均的なサブリース契約している賃貸住宅は、鉄道駅まで遠く市街化調整区域にあるなど立地条件が悪く、鉄骨造が多く、建築資金が高い傾向があります。また大家が受け取る家賃額は、毎月の家賃額の8割しかもらえません。築10年経過すると家賃は減額され、築23年目で一括借り上げ契約はサブリース会社より一方的に解約されます。

⑪このような、サブリース契約による相続税対策では、先祖伝来の土地を守るどころか、「儲からない」「売却できない」、将来相続人が相続したくない売却困難な「腐動産」になります。

⑫空き家の半分以上が賃貸用の空き家（空き家率過去最高）

空き家は年々増加しています。総務省統計局の2018年（平成30年）住宅・土地統計調査によると以下の通りです。

総住宅数は6240万7千戸 5年前に比べ、177万9千戸（2.9％増加）

総世帯数は5400万1千世帯 5年前に比べ、154万9千戸（3.0％増加）

1963年までは総世帯数が総住宅数を上回っていたが、1968年に逆転し、その後は総住宅数が総世帯数を上回っています。その結果、54年前から空き家が増加しています。

空き家数848万9千戸 5年前に比べ、29万3千戸（3.6％増加）

空き家率13.6％（過去最高）

図総務省統計局の2018年（平成30年）住宅・土地統計調査

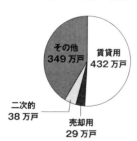

属性空き家の割合

その他 349万戸
賃貸用 432万戸
二次的 38万戸
売却用 29万戸

空き家の過半は賃貸の空き家である
出所：総務省「住宅・土地統計調査」

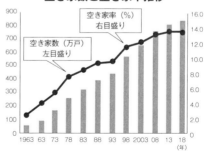

空き家数と空き家率推移

空き家率（％）右目盛り
空き家数（万戸）左目盛り

日本国内の空き家数、空き家率は伸び続けている
出所：総務省「住宅・土地統計調査」

空き家の内訳をみると、

賃貸用空き家432万7千戸（51％）

売却用の空き家29万3千戸（3％）

別荘などの二次的空き家38万1千戸（5％）

その他の空き家（41％）

　その他の空き家とは、長期の転勤で不在であったり、取り壊す予定の住宅などのことです。

　サブリース契約は、空き家が年々増加している時代に、地主の背中を押して建てさせる強力な武器となっています。大家が「空室リスク」を取らなくてもよい、サブリース会社が「空室リスク」を表面上取るような仕組みに見せかけている仕組みがサブリースです。

サブリース契約のワナ

⑬ 「NHKクローズアップ現代」サブリース契約への警告

　筆者（後東）は10年以上前から、サブリース契約は問題があり相続対策では利用しない方がよいと言ってきました。

　今から8年前の2015年（平成27年）5月11日（月曜日）放送のNHKクローズアップ現代で「アパート建築が止まらない〜人口減少社会でなぜ〜」というテーマで、サブリース（30年一括借り上げ）形式のアパートの供給過剰問題の特集をしました。

　番組では群馬県高崎市にて、サブリースのアパートを建てた農家が、周辺のサブリースのアパートの供給過多によって空き部屋に苦しむ様子が描かれています。

　また、埼玉県羽生市にて、2003年（平成15年）に市街化調整区域のほぼ全域に新規の住宅建築ができるようにしたところ、150棟以上のアパートが9割以上サブリース契約し、空き家率が35.8％に増加した事例が紹介されました。

　今のまま賃貸住宅の建築が続けば、2030年（令和12年）以降全国の空き家率は40％を越え、今後の賃貸住宅の着工数を現在の3分の1に

減らさなければならないとする試算結果を番組は示しました。

⑭「かぼちゃの馬車」のサブリース事件

　サブリース契約している人は、「かぼちゃの馬車」についてよく理解し、参考にする必要があります。

　2018年5月、株式会社スマートディズという会社が破産しました。その会社は、不動産投資家にシェアハウス「かぼちゃの馬車」を購入させ、その後、その建物をサブリースする事業を行っていました。「かぼちゃの馬車」のサブリース事件では、多くの人達が自己破産しました。被害者約700人に約800棟１万戸が販売され、被害総額は1,000億円を超えると言われています。

　この事件の概要とサブリース契約の仕組み、破綻の原因を見てみましょう。「かぼちゃの馬車」とは、スマートディズの女性専用シェアハウスのブランド名です。三井不動産の「パークマンション」、野村不動産の「プラウド」などのマンションブランド名と同じです。不動産投資家には「サブリース契約で35年家賃保証、利回り８％」を謳い文句にして勧誘していました。入居者には「敷金・礼金・仲介手数料なし」を売りにしていました。

　「かぼちゃの馬車」のビジネスモデルは、まず、スマートディズが「かぼちゃの馬車」の建設資金を出すオーナーを集めます。そしてスマートディズが「かぼちゃの馬車」を建て、オーナーに販売します。

　次にスマートディズとオーナーは、サブリース契約を結びます。スマートディズは管理会社として、入居者の募集、家賃の徴収、入居者と建物の管理・運営を行います。スマートディズは管理料を引いた、残りのお金をオーナー（大家）に支払います。オーナーはそこからアパートローンを返済します。

　なぜ、サブリースによるビジネスモデルが破綻したのでしょうか？この事件の背景には、建築会社とスルガ銀行の協力がありました。

　スマートディズは「かぼちゃの馬車」を建てる建築会社に、本来の建築費の２倍の価格で建てさせ、サブリース契約したオーナーに２倍の金

額を請求していました。そして、差額の半分をスマートディズに戻していたのです。つまり、1億円で建築できる建物を2億円で建築し、サヤ

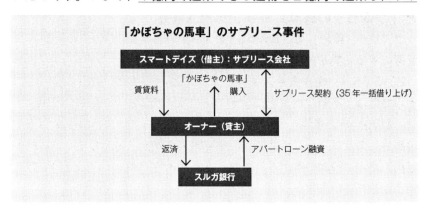

「かぼちゃの馬車」のサブリース事件

スマートデイズ（借主）：サブリース会社

賃貸料　　「かぼちゃの馬車」購入　　サブリース契約（35年一括借り上げ）

オーナー（貸主）

返済　　アパートローン融資

スルガ銀行

を取った差額の1億円で家賃保証し収益を出していたのです。
　次に、なぜ、不動産投資の経験のない個人が融資を受けられたのかでしょうか？それは、スルガ銀行が「かぼちゃの馬車」にずさんな融資をしていたからです。スルガ銀行は、不動産投資に積極的に融資する銀行として、不動産業界では以前から有名でした。
　スマートディズがオーナーのローン審査が通りやすくするために、10％の自己資金があるかのように偽装工作をしていました。そのことをスルガ銀行は知っていましたが、書換えを黙認してローンを組んでいました。スルガ銀行は融資額を大きくすることができるため、甘い審査で不正融資を増やして行きました。

　スルガ銀行は個人投資家向けに「かぼちゃの馬車」のセミナーを実施し、3.5％〜4.5％の高金利で自己資金10％なしの融資を組ませ、「かぼちゃの馬車」を支えました。
　ところが、スルガ銀行は融資の方針を変えました。そのため新規のオーナーが激減しました。新しいオーナーが増え続けなければ成立しないビジネスモデルだったため、「かぼちゃの馬車」は破綻しました。オーナーの中には自己破産した人もいますが、一部の人達は銀行に責任があると

してローンの借金を帳消しにされた人もいます。

「かぼちゃの馬車」が人気を集めた理由は、主に４つあります。

１つ目は、スルガ銀行が個人投資家に10％の自己資金を用意することなく融資をしたことです。

２つ目は、35年間にわたって自己努力することなく、サブリース契約で毎月賃料収入が得られると個人投資家が勘違いしたことです。

３つ目は、入居希望者には、「人材紹介会社アデコと提携して就業支援を行う」という、特徴のあるアパート経営で空室になりにくいと宣伝したことです。

４つ目は、女性タレントベッキーを起用しテレビＣＭにより、個人投資家を信用させたことです。

「かぼちゃの馬車」のサブリース事件の教訓は、３つあります。

１つ目は、サブリース契約それ自体は法律で認められています。しかしその法律を悪用してサブリース契約をしたことです。

２つ目は、不動産投資はスマートディズ（サブリース会社）、建築会社（ハウスメーカー）、スルガ銀行（金融機関）の三者が一体となったやったことです。

３つ目は、国がスルガ銀行を潰さなかったことです。なぜ、潰さなかったのでしょうか。不思議ではありませんか？この点が、現在サブリース契約をしている地主（大家）が考える上で、最も重要な点です。

サブリース契約10コの落とし穴

1、割高な新築費用

サブリース契約のアパート・マンションの新築費用は、通常、世間相場よりも50％程度高いことです。6,000万円で新築できる１棟のアパートであれば、9,000万円で建築します。二流メーカーの場合、新築費用が安いのは非常に安い建材を使用しているからです。仕組み自体は同じです。

もう少し分かりやすく説明すると、工務店に支払う建築費が6,000万円とすると、サブリース会社は大家に3,000万円を上乗せした9,000万円を請求します。これによって、大家は借入金が多くなり、毎月の返済は高額になります。サブリース会社や親会社のハウスメーカーが大幅に中抜きをして利益を出す仕組みです。つまり、サブリースの家賃保証費用（空室リスク費用）を上乗せして、大家にリスクを負わせているのです。

　施工費で大きく儲け、その儲けを当初10年間の家賃保証にまわす必要があるから、新築費用は割高になります。つまり新築したと同時に、大家は大損する仕組みです。

2、サブリース契約の低い家賃設定と高い管理料

　サブリース契約の家賃は、通常世間相場よりも低く設定されているケースがほとんどです。なぜなら、サブリース会社は空室になると自社が困るので、最初から少し安く家賃を設定し、空室が出ても損をすることがないようにしています。

　一般的な管理委託契約では、毎月の管理料は共益費を含む家賃の3%〜5%です。ところが、サブリース契約の場合には、共益費を含む家賃の10%〜15%程度です。これでは大家は儲かりません。

3、2年ごとの家賃見直し（減額）

　ほとんどのサブリースの契約書には、「2年ごとに家賃の見直しを行います」と、書いてあります。この意味は、分かりやすく説明すると、次のようになります。「30年間家賃保証しますが、家賃の金額は同額で保証するわけではありません。家賃は2年ごとに減額することがあります。減額幅は、10%か20%かは分かりません。」と、いう意味です。

　家賃が減額されると、大家は儲かるどころか、アパートローンが支払うことができないなどの問題が生じます。しかもサブリース会社は大家に対して、減額請求は法律上可能です。大家は裁判で訴訟してもたいてい負けます。その上、サブリース契約は、サブリース会社が大家に対して一方的に契約解除できます。

4、割高なメンテナンス費用

　ほとんどのサブリースの契約書には、「築15年目に弊社の長期修繕計画に基づくメンテナンス工事を行います」と、書いてあります。この意味は、分かりやすく説明すると、次のようになります。「築15年目になったら、サブリース会社の指定業者を使って大規模修繕をしなければなりません。その際、指定業者の修繕費は、通常の世間相場よりも50％程度高くなります。このとき大家が、修繕費を安くしようとして知り合いの工務店などに依頼すると、サブリース契約は解除します。」と、いう意味です。

　このため大家は非常に高い修繕費を嫌々支払うことになります。その結果、高い修繕費を支払うことで、不動産経営の収支は悪くなり儲からなくなります。

5、大家が施工不良や安普請に気づかない

　サブリース契約の建物は安普請で施工不良が多くあるのも特徴です。どうしてそのことに大家が気づかないのかというと、建物管理もサブリース会社に任せきりだからです。

　通常、施工不良があれば、実際に入居している賃借人（入居者）が施工不良に気づき、管理会社に連絡し、管理会社は大家に連絡し施工不良に対応します。ところが、サブリース契約では、管理会社は建築したハウスメーカーと同じ資本の会社です。従って、施工不良があっても、管理会社は大家に連絡しないので大家は気づかないのです。

　実際に、2018年（平成30年）5月レオパレス21の建物に「界壁」がないという違法建築が発覚しました。レオパレス21が1996年から施工した1万3000棟のうち41％に違法建築がありました。「界壁」とは、共同住宅など各住戸の間を区切る壁のことを言います。火災の延焼防止や遮音目的のため建築基準法等に基づき、小屋裏・天井裏まで達するように設ける必要があります。

　このように建築や建築後管理をすべて任せるサブリース契約は、施工

不良や違法建築について大家に気づかれない仕組みです。

　サブリース契約の建物は、新築のうちはまだよいのですが、10年も経過すると、建物自体がもともと安普請なので魅力がなくなり、入居者が減り、家賃を減額しなければならない要因となります。

6、入居者を選べないという問題

　サブリース契約では、サブリース会社（管理会社）が入居者募集を行うため、大家が入居者を選べません。一般的には、不動産管理会社が探してきた入居希望者の入居可否を、大家に確認して判断をあおぎます。ところが、サブリース契約の場合、サブリース会社から大家への確認はたいていありません。だから、大家は入居者の属性について、第三者から尋ねられても答えられないのです。

　入居者の属性を把握していないと問題が起こる可能性が高くなります。例えば、「高齢者が入居して孤独死した」「外国人が入居し、アパートの入居者のマナーが非常に低下した」「近所迷惑なことが増えた」などです。

　最も重要な点は、サブリース契約が解約解除された場合、サブリース契約期間中に入居付けされた面識のない、属性の分からない入居者と大家は付き合いをしなければならないことです

　そして、最後の最大の難問は「先祖伝来の土地を守るために、アパートの立退き交渉を大家自身が面識のない入居者とどうやってするのか」という問題が残ります。なぜなら立退き交渉をサブリース会社はやりません。不動産業者は立退き交渉をすると法律違反になるからです。

7、1か月〜3か月の免責期間は家賃収入なし

①敷金・礼金・更新料

　サブリース契約をした場合、入居者からもらう敷金・礼金・更新料はすべてサブリース会社（管理会社）の収入になります。2年ごとの更新料もサブリース会社の収入になります。

②アパート新築後の家賃免責

　建物の完成から1〜3か月間は、免責期間が有ります。この期間中は、

広告宣伝費という名目で、入居者がいてもいなくても、保証賃料をもらえません。この免責期間は、「満室」になるまでのサブリース会社の「空室リスク」を保証するためのものです。大家のためではありません。

③入居者の退出後の家賃免責

入居者が退出する度に、すぐに入居者があった場合でも、1か月〜2か月の家賃は免責になります。

尚、①〜③の免責期間については、サブリース会社により異なります。業者によっては、6か月という免責期間もあります。免責期間は何か月あるのか契約前に確認する必要があります。

8、共用部の水道光熱費、清掃費、原状回復費は大家負担

共用部の水道光熱費や清掃費用、部屋のリフォーム費用もすべて大家の負担になります。

また原状回復費用は、入居者の負担分は敷金などにより通常は精算されます。しかし大家負担分はサブリース会社ではなく、大家の負担になります。

9、大家に厳しく、サブリース会社に優しい法律の壁

サブリース契約は特有の契約形態で、あらかじめよく理解しておかないと危険なワナにはまります。サブリース会社（管理会社）は法律で手厚く保護されています。なぜならサブリース会社は借主、分かりやすくいえば入居者だからです。入居者には当然、借地借家法が適用されるからです。このことが分かっていない地主（大家）が多いようです。

例えば、「家賃の減額」について、サブリース契約書に家賃の見直し条項がない場合でも、サブリース会社は借地借家法に基づいて家賃の減額請求ができます。平成15年10月最高裁は、サブリース契約であっても、「借地借家法32条1項の賃料減額請求が可能である」とサブリース業者が勝訴する判決を下しました。また、家賃の減額をしないという契約（特約）もできません。

サブリース契約はサブリース会社と大家との事業用の契約であるため、

大家に対して消費者保護法などの適用はされません。従って、サブリース会社に裁判を起しサブリース契約について争っても裁判費用（弁護士費用）と時間の無駄になるでしょう。サブリース契約をしているハウスメーカーは、法律を調査研究しているので、現在、締結しているサブリース契約を撤回することは至難のワザです。

　注意しなければならないことは、サブリース会社の「かぼちゃの馬車」が破産したときのように、大家に対して家賃の支払いが止まっても、金融機関への返済を大家は行う必要があることです。

10、大家からサブリース契約は解約できない

「大家からサブリース契約は解約することができない。」ということが、相続対策では最大の問題になります。借地借家法では、大家からの解約は「正当な事由」がなければできないのです。「正当な事由」は大家の事情だけでは認められないからです。

　ところが、大家からの解約は非常に難しいのですが、サブリース会社からの解約は一方的にできます。つまり、サブリース会社は、収益が出なくなった賃貸物件を一方的に解除できるのです。

　また、サブリース契約を大家が解除したい場合、サブリース業者から高額な違約金を請求されることもあります。

　相続のとき問題となるのは、相続人（子供）がサブリース契約を承継しなければならないことです。儲からない賃貸経営であっても、不利なサブリース契約を解除して、アパートだけ相続することはできないからです。

サブリース契約の暗い未来
―2026年約400万戸のサブリース爆弾破裂し、売却困難になり「土地持ち死産家®」急増―

国の政策の問題

　日本の人口が減少し、空き家率が13.6％と過去最高です。この問題を解決するためには、住宅の総量規制を行えば効果がでます。ヨーロッパの多くの国では、住宅の総量規制を行っています。また人口が増加しているアメリカでも、多くの州で行われています。

　ところが、国は持ち家推進のための税制や優遇制度を続けています。例えば、住宅ローンを借入れて住宅を取得する場合に、金利負担の軽減を図る「住宅ローン減税」、住宅取得資金の贈与を受けて住宅を取得した場合の「贈与税非課税」があります。これら以外にも、「すまい給付金」「不動産取得税の軽減」「固定資産税等の軽減」などがあります。

　相続対策の節税を目的とした優遇税制を使った賃貸住宅の建築もあります。土地は時価ではなく路線化、建物は固定資産税評価額になります。さらに貸家建付地、借家権により相続税評価額は減額できます。新規の持ち家を建築すればするほど、空き家は必然的に増加します。これでは、一体何をしたいのか、日本をどういう国にしたいのか分かりません。

　国はサブリース契約でトラブルが多く発生しても、国会で取り上げても規制はしません。なぜなら、サブリース契約はビジネスであり、ハウスメーカーやサブリース会社と地主（大家）との事業者間の契約であり、節税対策で失敗しても、不動産投資の儲け話で失敗しても、一般消費者とは異なるので、助ける必要はないというのが国の考え方です。

　例えて言うならば、「証券会社にいわれるまま株式投資して失敗しても、自己責任でお願いします。」というスタンスです。サブリース契約という不動産投資は自己責任が原則です。

不動産業者・金融機関・税理士は三位一体のグル

「かぼちゃの馬車」のサブリース事件では、スマートディズ（サブリース会社）、建築会社、スルガ銀行の三者が一体のグルになり不動産投資家を騙して破綻させました。

相続対策では、ハウスメーカー（サブリース会社）、金融機関、大手の会計事務所（税理士・公認会計士）が三位一体となって、節税対策になりますといってアパートやマンションを建てさせます。

不動産業者は、自らが建築したアパートやマンションの売却、仲介、建築してからの管理、手数料など多くの収益源があります。金融機関は土地を担保にした融資にうまみがあります。比較的安全で有利な利息収入を得られます。大手の会計事務所（税理士）は金融機関からの相続対策でお客を紹介してもらえます。その上、顧問報酬を得ることもできます。

これらの大手の担当者は数年で交代し、責任も不明確になりやすくなります。大手の会計事務所のホームページを見てください、提携先は〇〇ハウスなどと書いてあります。なぜ、大手の会計事務所になれるのか、これでよく理解できると思います。

2026年約400万戸のサブリース爆弾破裂、社会問題化

2026年（令和8年）、急激に老朽化したアパートとアパートの空き住戸が増加することが予測できます。

というのは、2015年（平成27年）の相続税法の改正で相続税が増税になり、節税対策で、日本中に数百万戸の賃貸アパートの大半がサブリース契約で建てられたからです。

サブリース契約の家賃保証は10年間で、それ以降たいてい減額されます。またデッドクロス（黒字倒産）の兆候が現われるのも10年目頃からです。

具体的な例を挙げて説明します。例えば、大東建託は2006年（平成18年）にサブリース制度を導入しました。築20年経過した建物は、木造本体の減価償却が22年、設備の減価償却が15年で終了し、多額の借

入金が原因となる「デッドクロス」が本格的に現われるからです。

　現に、「愛知総合相続相談センター」や「愛知相続サブリース・老朽アパート研究所」に寄せられる相談のうち、サブリース問題が年々多くなってきています。「サブリース会社から１割の家賃減額を要求された」「リフォーム費用の負担という条件付の家賃減額をされた」「知り合いの不動産業者、税理士、弁護士にサブリース契約の解除を相談したが難しいといわれた」などです。

　最近、実際にあったサブリース契約の相談は、以下の通りです。名古屋から新幹線で出向き、新幹線の駅からローカル線に乗り換え25分かかりました。降りた駅は無人駅で、そこから徒歩10分の場所に建築されたアパートがありました。日本を代表するハウスメーカーが建て、「30年一括借り上げ」の契約内容でした。このような相談が急激に増加しています。

サブリース契約解除後、相続税対策の失敗に気づく

　建築されて20年目になると、家賃は２年ごとに大幅な減額をすでに数回経験しているか、もしくは、サブリース契約は平均23年で解約されるので、2026年は解約時期と重なります。

　総務省によると、日本中の空き家の51％は賃貸用空き家です。アパートの空き住戸問題は、大家（親）にとってアパートローンの返済問題、相続人（子供）にとっては相続したくない賃貸物件になります。誰がそのアパートを相続するのかという相続問題になります。融資した金融機関にとって最悪の場合、不良債権化につながります。

　空き住戸の多いアパートは住環境が悪く、他の新築アパートに移る人が多くなります。その結果、収入の少ないアパート経営になります。老朽化したアパートは賃料を上げるどころか、賃料を下げなければ入居しません。生活保護世帯や高齢貧困層、外国人などが必然的に多くなります。

　築30年を超えると、設備や配管が悪くなり大規模修繕費用が多額になります。小さなアパートでも1,000万円程度はかかります。しかし多くの大家が大規模修繕を賄うための積立を行っていません。従って、銀

行から借入金を調達しなければなりません。ところが、ほとんどの大家は多額の出費を避けたいと考えます。

　平均23年でサブリース契約は解除されます。その後、世間一般の賃貸住宅と入居者獲得競争が待ちかまえています。サブリース契約した大家は、もともと「賃貸経営の知識がない」「管理や運営の手間がかからない」という理由で賃貸経営を行っています。

　そもそも不動産経営に関する管理・運営、空室対策などについてノウハウも経験もありません。こうしたサブリース契約した大家が、サブリース契約解除後に老朽化したアパートやマンションを、どうやって相続人（子供）に相続させるのでしょうか？

　築30年を超えると、必ず「空室リスク」「家賃下落リスク」「修繕費増加リスク」が発生します。そして最後は、「入居者立退き交渉とその費用問題」「建物解体費用問題」を相続人が承継することになります。このとき初めて「相続税対策でサブリース契約してアパート・マンションを建てなければよかった」「不動産業者に騙された」ことに親子で気づきます。

サブリース契約で「土地持ち死産家®」急増

　築30年〜築40年を超えると、先祖伝来の土地を守るために行ったサブリース契約によるアパート・マンション建築による相続税対策は終りを迎えます。

　先祖伝来の土地を守るということは、老朽化した賃貸物件を建て替えることに他なりません。建て替える以前の問題として、「入居者の立退き交渉と立退き費用」の問題があります。立退き交渉は大家が必ず自分で行う必要があります。なぜなら不動産業者などに依頼すると、弁護士法72条違反となるからです。また銀行などの金融機関は、建て替えるための建築資金は融資しますが、立退き料については融資しません。立退き料は、相手によって金額が異なり必ず入居者が立退くとは限らないからです。また、経験のない大家が交渉しても上手くいくとは限らないからです。

相続人である子供は、築30年～築40年の老朽化した空き住戸のある
アパートやマンションを相続したくありません。築古アパートやマンショ
ンを購入したい人があれば売却したいと考えます。

　築古物件を購入する人は、立退き交渉をして立退き料を支払い、建物
を解体して、その後、更地にして、採算が取れる価格まで土地値が下が
れば購入することもあるかも知れません。

　筆者（後東）はこれまで数多くの築古物件（サブリース契約含む）を
相続対策で処分してきました。サブリース契約しているほとんどのアパー
トは、地方圏や大都市圏郊外のあまり立地条件のよくない毎年徐々に土
地の価値が下落する「負動産」に多く建築されていました。

　サブリース契約の仕組みでは、不動産経営は儲かるどころか必ず損を
します。その上、借入金が多いと「デッドクロス（黒字倒産）」になり
お金の持ち出しになります。サブリース契約では、立退き費用、建物解
体費用、建て替え費用などの積立はできません。また、不動産経営を学
ぶ機会も方法もありません。

　結局、大半のサブリース契約したアパートやマンションは、「負動産」
に建築されているので、築30年～築40年で地価が半値或はそれ以下に
なり、その土地の上に老朽化したアパートやマンションが建築され売却
困難な「腐動産」になります。つまり相続人が相続したくない不良資産
を所有する「土地持ち死産家®」になります。

サブリース契約の築古アパートが売却困難な6つの理由

　筆者（後東）は相続対策で数多くの築古アパート・マンションを処分
してきましたが、サブリース契約した築古賃貸物件は、より売却困難に
なります。それは、次のような理由からです。

①日本には中古のアパート・1棟マンションのサブリース市場が少な
　いこと。

②中古の投資用アパート・1棟マンションを購入する人が少ないこと。

③金融機関は新築の賃貸物件に融資するが、中古の賃貸物件は担保に
　なりにくいので融資が困難なこと。

④2026年から約400万戸のサブリース契約の失敗により、売却する
　アパート・マンションが急増し供給過剰になること。
⑤サブリース契約の賃貸物件はもともと立地条件のあまりよくない「負
　動産」に建てられていることが多く、しかも施工不良や安普請も多
　く、不動産投資家にとって魅力がないこと。
⑥サブリース契約の特有な契約形態により、一般的に不動産仲介業者
　では契約解除や売却が困難なこと。
　先祖伝来の土地を守るために、或は自分の老後のための安定した収入
を得るために行ったサブリース契約で、建てたアパートやマンションを
所有することで「土地持ち死産家®」になります。これはハウスメーカー
による無料の「成り行き相続対策」を、地主（大家）が安直に受入れた
結果です。

サブリース契約は相続対策にならない

　サブリース契約を行っている大企業のビジネスモデルは、賃貸物件と
して最も利益を生む新築から10年間です。新築時は、立地条件が悪く
ても「満室」経営は可能だからです。
　サブリース契約は、地主（大家）に相続税対策、先祖伝来の土地を守
るという名目で、土地を提供させ、「借金リスク」を負わしています。
しかしサブリース会社は、「空室リスク」「家賃値下げリスク」「土地購
入リスク」も負っていません。地主はリスクを取り、サブリース会社で
ある大企業はノーリスクです。
　地主（大家）がアパートやマンションを建てることは、賃貸経営者に
なることです。「聞いてなかった」「知らなかった」で済む話ではありま
せん。なぜなら国が説明しているように、サブリース契約している大家
は賃貸事業者であり、一般消費者ではないからです。
　経営者が経営コンサルタントにアドバイスを求めるように、相続対策、
不動産経営で分からないことがあれば、相続対策、不動産経営のプロの
アドバイスを有料で求めればよいのです。
　サブリース契約した建物は、新築費用や修繕費用が世間相場より非常

に高く、また毎月の管理料も高く、敷金・礼金・更新料はもらえず、家賃の免責期間もあります。これでは不動産経営として成り立ちません。また将来必要となる立退き費用や解体費用、建て替え費用なども積立てできません。

　筆者なら、「相続税対策で行うサブリース契約はやらない方がよい。なぜなら不動産経営にならず、『土地持ち死産家®』になり相続対策にならないから。」と答えます。

サブリース契約の暗い未来予想図
第1段階：2015年サブリース契約で新築
①2015年相続税対策でサブリース契約のアパート建築が増加し、空室急増
②神奈川県３５％超、千葉県・東京34％（３室に１室が空室）

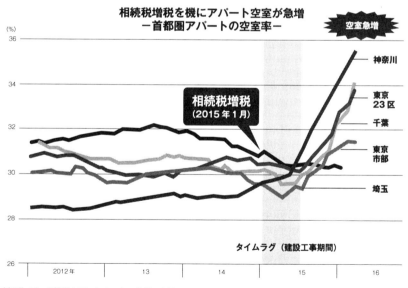

相続税増税を機にアパート空室が急増
ー首都圏アパートの空室率ー

空室急増

相続税増税
（2015年1月）

タイムラグ（建設工事期間）

（出所）データ提供：アットホーム、分析：タス

第2段階：2026年約400万戸のサブリース爆弾破裂（築11年後）

①日本中の約400万戸のサブリース建築で「家賃の値下げ」ラッシュ開始

②築10年～築15年目のサブリース建築で「デッドクロス（黒字倒産）」開始

③テレビや新聞が取り上げ社会問題化

第3段階：2038年サブリース契約解除（築23年後）

①築23年後、サブリース会社から儲からないサブリース契約を一方的に解除。

②サブリース契約解除で建物は自主管理に移行。

③賃貸住宅の空き住戸40％になる。

第4段階：2045年サブリース建物老朽化問題（築30年以降）

①老朽化した賃貸物件の立退き交渉は大家自身が行わなければなりません。法律で不動産業者に依頼できないためです。当然、サブリース会社は行いません。

②立退き交渉費用の問題。立退き交渉費用は銀行の融資が受けられないためです。

③建物の解体費用問題。

④建物の建て替え費用問題。

　賃貸物件の建て替えには、建築費以外にも、入居者立退き費用、建物解体費用など多額の費用がかかります。老朽化した建物の建て替え問題は、相続人に移ります。

　先祖伝来の土地を守るために、サブリース契約で相続税対策をしても、最後は、売却できる或は売却できない建物に二極化されるでしょう。早めに手放すことを考えないと、売り時を逃がし売却困難な土地を持つ『土地持ち死産家®』になる可能性が高くなります。

　賃貸経営で最も重要なポイントは、30年後、先祖伝来の土地の地価が上昇する可能性のある「富動産」であるのか、或は土地の価値を維持できる「不動産」であるかどうかです。現在の日本でそのような立地条件のよい土地は、10％程度しかありません。あなたの所有する土地が「富

動産」や「不動産」または売却困難な土地、或はマイナスの価値しかない「腐動産」なのか、見極めることが極めて重要です。

相続対策で成功する方法

・相続税対策では「サブリース（＝30年一括借り上げ）」をしないことが、一番よい相続対策になります。

　相続対策でアパート経営などを行い、成功する秘訣は特別難しくありません。まず、建築会社（ハウスメーカー）や不動産業者からの安直な「成り行き相続対策」で行う、「サブリース契約（＝30年一括借り上げ）」の提案を受入れないことです。

　そして先祖伝来の土地に固執するのではなく、不良資産である立地条件の悪い土地（負動産・腐動産）を売却し、収益性、流動性のある「富動産」或は金融資産などの優良資産に組み替える「資産戦略型相続対策®」を実行すればよいのです。

　アパート経営をしたい場合には、手持ち資金を十分に用意してから建築すれば、「デッドクロス（黒字倒産）」は起きません。そして一般的な管理委託方式でアパート経営を行えば大きな失敗は起こりません。

　このとき注意することは、1棟の立派な賃貸物件を建築しないことです。なぜなら将来、相続人間の遺産分割が困難になり、また資金面で建て替えなどが難しくなるからです。

「相続対策は「借入金」と『30年一括借り上げ』を利用したアパート経営がよい」の間違い

―なぜ、相続対策のアパートは築15年で売りに出されるのか？―

アパート経営には減価償却の理解が不可欠

減価償却とは

　アパート経営で成功するためには、「30年一括借り上げ」や「デッドクロス」「減価償却」の仕組みを理解する必要があります。減価償却費は、最初に支払った建物や設備のお金を毎年分割して経費にしているにすぎません。

　ところが毎年実際に大家の財布からお金がでていくわけではないので、手元に現金が残り申告所得（所得税）が少なくなり節税効果があります。しかし減価償却費は年々減少します。このとき「デッドクロス」などの問題が起きます。

　減価償却とは、不動産のような償却資産にかかる購入費などを、国税庁の定める耐用年数に応じて数年にわたって費用計上していく仕組みのことです。減価償却の制度をうまく活用することによって、多額の費用を計上することができるので、アパート経営には減価償却の理解が不可欠です。

　建物や備品などの固定資産を購入したときに全額を損金（経費）に計上できるわけではありません。その固定資産の使用可能期間にわたり、分割して経費に計上していきます。使用可能期間は、税法で**「法定耐用**

年数」として定められています。

　法定耐用年数は自動車なら6年、建物の場合は用途や構造によって変わってきます。建物のうち木造の居住用建物なら22年、居住用鉄筋コンクリートなら47年です。尚、土地や書画、骨董品、美術品などのように時間の経過により価値が減少しない資産には、減価償却はありません。

　減価償却の計算方法は、毎年一定額を償却する「定額法」と、毎年一定割合をかけて償却する「定率法」の2つがあります。

　アパート経営を考えた場合、定額法よりも定率法を選択すると初年度の経費が多くなるため課税所得が減り、税務上の赤字が出しやすく大きな節税効果を得られます。しかしアパート経営で減価償却の対象となる建物や付属設備は、現在ではすべて「定額法」になり節税効果が小さくなりました。

　建物本体は1998年（平成10年）4月1日以降に取得した場合、すべて「定額法」で償却しなければなりません。また建物以外の付属設備・構築物は、2016年（平成28年）4月1日以後に取得した場合には、「定額法」のみの償却になります。

　アパート経営で建物を購入した当初は、税金が少なくすんでいても、年数の経過によって税金が高くなることがあります。これは減価償却が少なくなったことが原因です。

　さらにアパート経営で注意すべき点は、赤字の場合、青色申告であれば控除できる「青色申告特別控除の10万円控除」と「青色申告特別控除の55万円控除」は、黒字の範囲でしか適用されないことです。

アパート経営には減価償却の理解が不可欠

　固定資産の耐用年数は次の通りです。
居住用建物・付属設備の法定耐用年数
構造・設備耐用年数

構造・設備	耐用年数
・鉄筋コンクリート造（RC造）	47年
・鉄骨造鉄骨4mm超	34年
・軽量鉄骨造鉄骨3mm超4mm以下	27年

・軽量鉄骨造鉄骨3mm以下	19年
・木造	22年
・一般的な建物付属設備	15年
（給排水・ガス・電気）	
・エレベーター	17年
・消火・排煙・災害報知設備	8年

　建物は主に「躯体」と「付属設備」に分けることができます。「躯体」は構造によって鉄筋コンクリート造・鉄骨造・木造に分けることができます。鉄骨造は鉄骨の厚みによって耐用年数が異なります。「付属設備」は給排水・ガス・電気などの設備のことで耐用年数は15年です。これ以外にもエレベーター、消火・排煙・災害報知設備 それぞれに耐用年数が決まっています。

　この耐用年数が短ければ短いほど年間の減価償却費が大きくなります。つまり減価償却を大きくすると、税引き後のキャッシュが増えて、手残りが多いアパート経営が可能になります。

　築古物件のアパートやマンションの場合、躯体70％、設備30％として按分する方法があります。また不動産鑑定士の「鑑定評価」によって決めることもできます。但し、「鑑定評価」には、不動産鑑定士の報酬が発生しますので、報酬と節税効果を考慮して選択すべきでしょう。

　個人でアパート経営している場合、減価償却は毎年限度いっぱい償却しなければならない「強制償却」になり、原則定額法で償却します。

　一方、法人の場合の減価償却は「任意償却」となり、毎年減価償却可能額以内であれば自由に調整することができます。但し、今期計上しなかった不足分を翌期に計上することはできません。従って個人よりも法人の方が柔軟に償却額を調整できます。この点が不動産を法人化したほうがよい理由です。またアパート経営の腕の見せ所でもあります。

　アパート経営で大切なことは、減価償却を正しく理解して現金の手残りが多くなる賃貸経営を心がけることです。

アパート経営でデッドクロス（黒字倒産）になる原因

デッドクロスとは

　年間の減価償却費よりも年間の元本返済額が大きくなるときを、「デッドクロス」と言います。相続対策で借入金を使ってアパートやマンションを建築すると、経費にできる減価償却費が年々減少します。ところが元利均等返済の借入金の場合は、元金部分が年々増加します。デッドクロスまでは減価償却費が元金返済額を上回り節税効果があります。

　しかしデッドクロスを過ぎると節税にならない金額が増え、所得税（申告所得）が増え税金も払えなくなることもあります。つまり黒字経営で税金を支払っても、手元に現金が残らないという現象です。

デッドクロス４つの原因

　アパート経営でデッドクロスが発生する原因は主に次の４つです。
・多額の借入をするから。
・「元利均等返済方式」で元金返済額が増えるから。
・減価償却費が法定耐用年数を過ぎて計上できなくなるから。
・築年数が経ち、空室が増え家賃収入が減るから。

　デッドクロスを理解するために必要なことは、「元利均等返済方式」と減価償却についてよく知ることです。まず銀行などの借入金の返済方法を理解することです。返済方法には下図のように「元利均等返済方式」と「元金均等返済方式」の２種類があります。

　「元金均等返済方式」とは、毎月の元金返済額を一定にする方法で、初期は元金と利息の合計額が多くなります。ところが毎月の利息が減っていくので、年々返済額が減少していきます。

　一方、「元利均等返済方式」とは、毎月の返済額を一定にする方法で、当初は元本の割合に対して利息が多く、年々元本の割合が増えていきます。相続対策では、「元利均等返済方式」を使うことが一般的です。

　ここで注意すべき点は、毎月のローンは現金の支出を伴いますが、借

入金の利息は経費になりますが、元本は経費にならないことです。この「元利均等返済方式」は経費にできる利息が年々減少し、経費にならない元金の支出が増えます。その結果、決算は黒字でも税金を払うお金がないという「黒字倒産」になります。

　減価償却費が支出と経費のズレを生じさせ、このズレがデッドクロスの原因となります。例えば、給排水、電気、ガスなどの一般的な建物付属設備の法定耐用年数は15年です。また木造の建物の法定耐用年数は22年です。当初、経費となる減価償却費を計上できますが、法定耐用年数を過ぎると減価償却費がなくなり税金の負担が大きくなります。

　デッドクロスが理解しにくいのは、減価償却費が現金の支出を伴わない経費であり、それを帳簿に計上した分経費は増え、帳簿上の利益と手元にある現金が同じではないということの認識が難しいからです。

　デッドクロスが法定耐用年数の22年前より早い段階で起きる場合は、一般的に築年数の経過と共に、空室が増え家賃が下がり家賃収入が減少することに原因があります。

　デッドクロスは新築アパートで表面利回り8％前後の物件でよく起きる現象です。ほとんどの原因は長期の融資期間、多額の借入金、建築業者（ハウスメーカー）や不動産業者の「成り行き相続対策」を大家がそのまま受け入れた結果です。

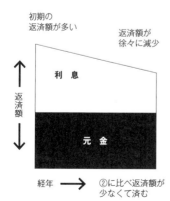

①元金均等返済方式

初期の返済額が多い　　　返済額が徐々に減少

利　息

返済額

元　金

経年　　　②に比べ返済額が少なくて済む

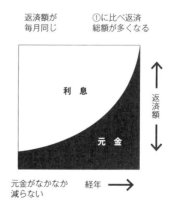

②元利均等返済方式

返済額が毎月同じ　　　①に比べ返済総額が多くなる

利　息

返済額

元　金

元金がなかなか減らない　　　経年

113

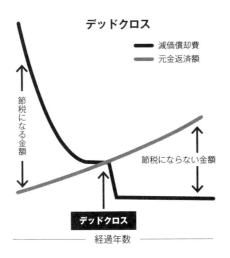

デッドクロス

■ 減価償却費
■ 元金返済額

節税になる金額

節税にならない金額

デッドクロス

―――― 経過年数 ――――

デッドクロスになる前

　上図のデッドクロス（黒字倒産）の仕組みを簡単に説明します。

　前提条件として、新築木造アパート、建物の減価償却期間22年、アパートローン30年、借入金比率50％程度を想定します。

　・新築時：家賃収入300万円、固定資産税などの経費60万円（利息除く）、利息90万円、

　元金返済額45万円、減価償却費60万円と仮定します。

（1）税金の計算

売上：家賃収入　　　　　　　　　　　　　300万円

経費：経費（利息除く）　　　　　　　　　60万円

利息90万円（＊元金返済額45万円は経費になりません）

減価償却費　　　　　　　　　　　　　　　60万円

経費合計　　　　　　　　　　　　　　　　210万円

税引き前利益は売上300万円－経費合計210万円で90万円

税金30％：90万円×0.3＝27万円

税引き後利益は90万円－27万円で63万円

（2）実際の税引き後のキャッシュフロー

売上：家賃収入　　　　　　　　　　　　　300万円

経費：経費（利息除く）	60万円
利息	90万円
元金返済額	45万円
合計金額	195万円

＊減価償却費60万円は経費になるが、実際には現金として支出していない。

税金30％：90万円×0.3％＝27万円

税引き後のキャッシュフローは売上300万円－（経費など195万円＋税金27万円）＝78万円

つまり新築時には元金返済額が小さく、減価償却費が経費になるが、実際には支出していないので現金が残ります。

デッドクロスの後

新築から22年経過すれば、家賃収入は一般的に2割程度落ち、修繕費用などの経費が増加します。また元利均等返済の場合、利息と元金の総額は変わりませんが、利息と元金の比率は逆転していると思われます。

前提条件として、新築から22年経過後：家賃収入240万円、固定資産税・修繕費などの経費90万円、利息45万円、元金返済額90万円、減価償却費0円に変更になったと仮定します。

（1）税金の計算

売上：家賃収入	240万円
経費：経費（利息除く）	90万円

利息45万円（＊元金返済額90万円は経費になりません）

経費合計	135万円

税引き前利益は売上240万円－経費合計135万円で105万円

税金30％：105万円×0.3＝31.5万円

税引き後利益は105万円－31.5万円で73.5万円（黒字）

（2）実際の税引き後のキャッシュフロー

売上：家賃収入	240万円
経費：経費（利息除く）	90万円

利息	45万円
元金返済額	90万円
合計金額	225万円

税金30％：105万円×0.3％＝31.5万円

税引き後のキャッシュフローは

売上240万円－（経費など225万円＋税金31.5万円）＝－16.5万円（赤字）

　利益が73.5万円も出ているのに関わらず、キャッシュフローが16.5万円の赤字になるということです。これがデッドクロスによる黒字倒産という現象です。

　新築から22年経過後、木造の建物の減価償却費がなくなり、元金返済額が大きくなることが主な原因で起こります。また家賃が大幅に下落したり、空室が増えたりすると、築10年程度でもデッドクロスが起きる可能性があります。

最善のデッドクロス対策は売却

　デッドクロス対策は、自己資金を入れる、返済期間を短くする、新たな築古物件を購入するなど少なからずあります。しかし「30年一括借り上げ」でデッドクロスになった場合、そもそも儲からない仕組みの賃貸経営ビジネスにお金を入れても意味はありません。

　大切なことは相続対策として考えた場合、そもそもデッドクロスになる前に、アパート、マンション建築が間違っていなかったかどうかを考える必要があります。

　土地の価値を維持できる大都市圏の立地条件のよい「富動産」や「不動産」であれば、アパート・マンション経営として成功する可能性は高いでしょう。

　しかし大都市郊外や地方圏で地価が継続的に下落する「負動産」で、立地条件のよくない地域でアパート経営しても、30年後地価は下落して老朽アパートが残るだけです。そしてその物件を誰が相続するのかという大きな問題が生じます。

　また入居者の立退き交渉とその費用、建物解体費用、その後更地にし

てから、建て替え費用が数千万から数億円程度の多額のお金と手間がかかります。先祖伝来の土地（負動産）に相続対策になるからといって、アパート経営と関係ない理由で建築する人も見受けられます。

　多額の借入金でデッドクロスになった場合、先祖伝来の土地（負動産）で賃貸経営を続ける決意があるのかどうか考える必要があります。決意がなければ早く売却すべきでしょう。デッドクロスを回避する最善の方法は、自己資金を多く準備してから建築することです。

なぜ、相続対策のアパートは築15年で売りに出されるのか？ ―満室経営でも「デッドクロス」は必ず起きる―

借入金が原因でデッドクロスになる

「なぜ、相続対策のアパートは築15年前後で売りに出されることが多いのか」あなたは知っていますか？

　その主な原因は、大きく分けて４つあります。

　１つ目は、多額の借入金によるデッドクロス(黒字倒産)が起きること。

　２つ目は、「30年一括借り上げ」で手元にお金が残らないこと。

　３つ目は、築15年目から税金が増加して経営が苦しくなること。

　４つ目は、築15年前後で多額の費用がかかる大規模修繕を実施すること。

　まずデッドクロスのメカニズムを以下にもう一度分かりやすく説明しましょう。「デッドクロス」が起きる1つ目の原因は、設備の「減価償却費」が築15年で終わるからです。

　この節税対策メリットは長く続きません。その理由は、建物の設備部分の耐用年数が15年で終了するからです。つまり建物の約2割〜３割の償却が15年で終わります。この「減価償却費」の仕組みを相続対策前によく理解してから建築しないと、アパート経営はいずれ失敗することになります。

　デッドクロスが起きる2つ目の原因は、「元利均等返済方式」による

利息の問題です。

　一般的に相続対策で融資を受けてアパートやマンションを建築する場合、多くの人が「元利均等返済方式」で行います。それに貸し手の金融機関も、「元利均等返済方式」の方が利息を多く稼げます。「元利均等返済方式」は元金と利息の合計額が一定にして返済していく方法です。

　アパートの建築資金のほとんどがアパートローンの場合には、満室経営を行っても必ず「デッドクロス」は起きます。たとえどのような構造の建物であっても、通常築15年前後で起きます。

デッドクロスで築15年目から税金が増える

　アパートは築15年目前後で「デッドクロス」になり、「減価償却費」が減少して税金が増加するという困ったことが起きます。

　アパートは築15年目までは躯体と設備の２つの「減価償却費」があります。15年目までは「減価償却費」の節税効果が高いため、支払う税金が少なくなります。ところが、築15年を過ぎると躯体の「減価償却費」だけになり、築22年を経過すると「減価償却費」がすべてなくなります。

　築22年を過ぎた築古アパートは、「減価償却費」による節税効果が全くなくなるので支払う税金が増加します。さらに「元利均等返済方式」で年々元本が増加しますが、その元本は費用にはなりません。元本は税金を支払った税引き後の利益の中から支払います。

　その結果、築古アパートは次のような五重苦になります。
　①空室の増加による収入の減少
　②家賃の下落による収入の減少
　③修繕費・リフォーム費用の増加
　④「減価償却費」の減少による税金の増加
　⑤借入金の元本返済額の増加

　さらにこうした中から借入金の元本返済を行うと、キャッシュフロー(現金収支)が非常に悪くなります。場合によっては、手元にお金が残らないマイナス(赤字)になることもあります。

「アパート経営は最初の10年はよいけれど、築15年を超えると徐々に苦しくなる」と言われるのはこうした理由があるからです。

　築古アパートでも継続してやっていける物件は、ほとんどが借入金を返済している無借金の築30年以上のアパートです。しかし築30年を過ぎると、定期的な修繕費、入居者の立退き交渉とその費用、建物の解体費用、更地にして建て替える費用など多額の費用がかかるので、そのまま放置しているアパート経営者が多く見られます。

築15年前後で大規模修繕費用がかかる

　修繕費には2つあります。壊れた物を修繕する「事後修繕」と、故障を未然に防ぐ「予防修繕」があります。「事後修繕」には入居者(賃借人)が退去した後に行う「原状回復」や事故や台風などの災害で被った修繕もあります。

　「予防修繕」には、古くなった給湯器の交換、外壁の塗り替え、空室率の改善のための「室内の模様替え」や「部分的なリフォーム」もあります。築15年前後で行う大規模修繕も「予防修繕」と考えられます。

　一般的に築年数が経つと、外観の劣化などにより、周辺の新築アパートと比較されたりして競争力が低下します。また家賃の下落や空室の増加が大きくなります。そのためアパートの修繕は、築10年を経過した頃から発生することが多くなります。

　通常、修繕を行う目安は次の通りです。屋根や外壁の塗装は11〜15年目、ベランダ・階段・廊下などの鉄部塗装11〜18年目、給湯器・エアコンの交換は11〜15年目、給排水管の高圧洗浄5年目などです。

　いつ修繕を行い、いくらの費用がかかるかを事前に把握することがアパート経営では重要です。また室内の浴室、キッチンなどについても交換する時期や費用を把握しておく必要があります。

　例えば、国土交通省の民間賃貸住宅の計画修繕ガイドブックの木造10戸（1LDK〜2DK）では、下記のようなイメージになります。築13年目頃に大規模修繕した場合、1戸あたり約64万円、1棟あたり約640万円になります。しかし「30年一括借り上げ」でサブリース会社

が修繕する場合には、この金額が1.5〜2倍の1,000万円〜1,500万円程度になることがあります。

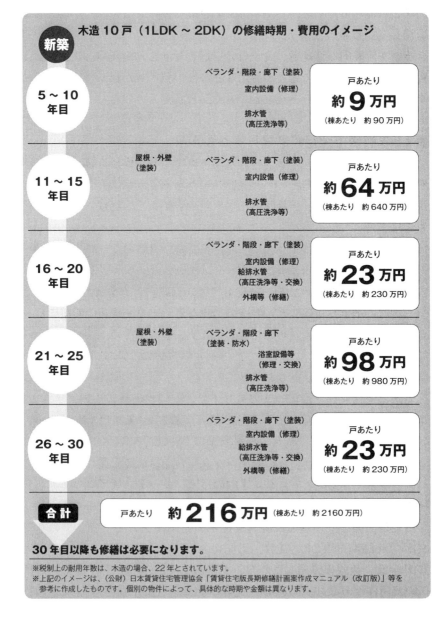

木造10戸（1LDK〜2DK）の修繕時期・費用のイメージ

新築

5〜10年目
- ベランダ・階段・廊下（塗装）
- 室内設備（修理）
- 排水管（高圧洗浄等）

戸あたり **約9万円**（棟あたり 約90万円）

11〜15年目
- 屋根・外壁（塗装）
- ベランダ・階段・廊下（塗装）
- 室内設備（修理）
- 排水管（高圧洗浄）

戸あたり **約64万円**（棟あたり 約640万円）

16〜20年目
- ベランダ・階段・廊下（塗装）
- 室内設備（修理）
- 給排水管（高圧洗浄等・交換）
- 外構等（修繕）

戸あたり **約23万円**（棟あたり 約230万円）

21〜25年目
- 屋根・外壁（塗装）
- ベランダ・階段・廊下（塗装・防水）
- 浴室設備等（修理・交換）
- 排水管（高圧洗浄等）

戸あたり **約98万円**（棟あたり 約980万円）

26〜30年目
- ベランダ・階段・廊下（塗装）
- 室内設備（修理）
- 給排水管（高圧洗浄等・交換）
- 外構等（修繕）

戸あたり **約23万円**（棟あたり 約230万円）

合計 戸あたり **約216万円**（棟あたり 約2160万円）

30年目以降も修繕は必要になります。

※税制上の耐用年数は、木造の場合、22年とされています。
※上記のイメージは、（公財）日本賃貸住宅管理協会「賃貸住宅版長期修繕計画案作成マニュアル（改訂版）」等を参考に作成したものです。個別の物件によって、具体的な時期や金額は異なります。

空室対策のための修繕費がかかる

　新築時のアパートは当初最新の設備を備えた物件ですが、築年数が経過すると時代遅れの設備になります。家賃を下げずに満室経営を維持するためには、時代にあった最新の設備を導入する必要があります。そこでアパートが古くなってくると、空室対策でリフォームする必要が出てきます。

　例えば、古いアパートの水道の水栓は、蛇口が1つしかない単水栓、水とお湯それぞれでハンドルがあるツーハンドル混合水栓が主流です。ところが最近のキッチン水栓は、炊事が楽になるホースとして引き出せるハンドルシャワー型、吐水口に手をかざせば自動的に水が出るセンサー付き水栓が増えています。

　また古いアパートには畳の部屋がありますが、今では畳の部屋がある物件は人気がなく低い家賃設定になります。

　アパート経営では、人々のライフスタイルの変化や入居者のニーズにあった設備に交換する必要があります。10〜20年も経過すると家電なども変化していくため、それに対応できないアパートは周辺物件と比較して競争力が弱まり、高い入居率を確保できない、家賃水準を維持できない物件になります。

　アパートは古くなると、以下の4つの修繕費用が必要になります。

①原状回復の修繕費用・賃借人（入居者）が退去するときにかかる修繕のこと。

②事後修繕費用・・・・・設備の不具合、突発的な事故で被った箇所の修繕のこと。

③予防修繕費用・・・・・古い設備の交換、室内リフォームの修繕のこと。空室対策で行うこともある。

④大規模修繕費用・・・・15年に1回程度。外壁、屋根、ベランダなどの共用部の修繕のこと。

　このようにアパートは古くなればなるほど修繕費用が多く発生します。また大規模修繕に必要な資金を貯めていない地主は、アパート経営が手遅れになる可能性が非常に高くなります。

相続対策にならない『30年一括借り上げ』
―サブリース契約ではアパート経営が成り立たない―

サブリース契約の本当の目的

　地主が相続対策（節税対策）でアパート経営する場合、「30年一括借り上げ（サブリース契約）」を行う理由は次の通りです。

　「アパート経営の経験がなくても経営できる。入居者の募集をしなくてもよい。家賃の集金をしなくてもよい。入居者の退去時の立会いをしなくてもよい。修繕やリフォームは自分で判断しなくてもよい。入居者とのトラブルがない。先祖伝来の土地が守れる・・・などです。」

　ところがサブリース契約の本当の目的は、主に大都市圏郊外や地方圏の「負動産」や「腐動産」で立地条件のよくない土地にアパートを建てさせることです。よくない土地は担保が足りないとか、非常に利回りが低くなり金融機関の融資が受けられません。

　そこで大手の建築会社（ハウスメーカー）が、『30年一括借り上げ（サブリース契約）』をして一定期間（10〜30年）家賃保証する契約書を作成して、アパート経営が安定して利益が見込めるように見せかけて、金融機関から融資を引き出す手段としているのです。

　つまりアパート経営しても当初から儲からないと思われる土地は、『30年一括借り上げ』がないとアパートローンが組めず、アパートが建築できないという理由があるからです。

　相続対策で「『30年一括借り上げ』は家賃保証があるから安心」と思ってアパート経営する地主は多いと思います。ところが賃料が下がれば、いずれ借入金の返済ができなくなったりします。最悪の場合には、アパートを売却しても借入金を返済できなくなったり、売却できないことも予想されます。

サブリース契約ではアパート経営が成り立たない仕組み

　相続対策（節税対策）として、サブリース契約によるアパート経営は

事業として成立たないと筆者（後東）は考えます。その理由を、いくつかの項目を上げて説明します。特約などで特段の取り決めがなければ、一般的な管理委託契約とサブリース契約を比較検討すると下記のようになります。

一般的な管理委託方式とサブリース方式の比較表

	一般的な管理委託方式	サブリース方式
管理料	共益費を含む家賃の3～5％	共益費を含む家賃の10～15％
敷金	大家の収入	サブリース会社の収入
礼金	大家の収入	サブリース会社の収入
更新料	大家の収入	サブリース会社の収入
共益費	大家の収入	サブリース会社の収入
契約当初の家賃2か月分	大家の収入	サブリース会社の収入
定期的な修繕費	世間相場で大家負担	世間相場の1.5～2倍の価格で大家負担
大規模修繕費	世間相場で大家負担	世間相場の1.5～2倍の価格で大家負担
原状回復費用のオーナー負担分	世間相場で大家負担	世間相場の1.5～2倍の価格で大家負担
共用部の水道光熱費・清掃・部屋のリフォーム費用	世間相場で大家負担	世間相場の1.5～2倍の価格で大家負担
建築費	世間相場で大家負担	世間相場の1.5～2倍の価格で大家負担

　相続対策で行う不動産の相談で事務所に来られる人に共通していえることは、サブリース契約の内容や入居者などについてよく理解していない人が多いと言うことです。特に「更新料」については知らない人が多いと思います。

　「更新料」には地域性があり、大阪や名古屋では「更新料」がないケースが多くあります。その結果、これらの地域では大家自体に「更新料」の概念がなく、サブリース会社が「更新料」を取っていることさえ知らない人が多いのでしょう。京都府や関東圏（東京・神奈川・千葉・埼玉

など）では家賃1か月分が一般的です。尚、平成23年（2011年）7月最高裁判例では、「更新料」の支払い特約は有効であると判断しています。「更新料」を2年ごとに入居者から徴収すると、入居者は偶数年の更新の前にアパートを退去することが多くなります。その結果、大家の原状回復費用の負担が増えます。その逆がサブリース会社です。新しい入居者からは敷金、礼金、共益費がサブリース会社の収入になります。さらに更新時に退去しない入居者からは、1か月分の「更新料」を徴収することができます。

　このような仕組みが「サブリース契約」には随所にあります。実際にあった話ですが、表面利回り8％でアパート建築をされた人がありました。しかしこの計算式にはローン・固定資産税・一括借り上げの管理費用・共益費などが引かれていませんでした。従って、実質利回りは2％程度でした。このようなことにも気づかずに「サブリース契約」している人は多くいるようです。

先祖伝来の土地でアパート経営する大きなリスク

　地主は先祖伝来の土地に執着して、その土地を守ろうとする傾向があります。たとえその土地が「負動産」や「腐動産」であっても。そして自分が今持っている土地の上にアパートを建築することが多くあります。アパート経営の本来の目的は、その土地で賃貸ビジネスをして儲けることです。

　ところが実際には、節税対策になるからとか、固定資産税が下がるからなど、アパート経営とは本来関係がないところで判断しています。

　アパート経営の第1条件は、立地条件のよい場所に建築することです。アパート経営する前に先祖伝来の土地がアパート経営に適しているのか、さらに需給動向、家賃設定、誰を入居者とするのかなどを検討しなければなりません。

　アパート経営の失敗の多くの原因は、立地条件の悪い先祖伝来の土地に建築するからです。地主は先祖伝来の土地を売ることに抵抗があり、罪悪感さえ覚える人さえいます。そのため先祖伝来の土地をなんとか活

用して守るという発想になります。先祖伝来の土地が希少性や収益性のある「富動産」や価値を維持できる「不動産」であれば、その場所で活用することも可能でしょう。

　先祖伝来の土地を守るために、30年の長期にわたりアパート経営することは非常に大きなリスクを伴います。先祖伝来の土地を守るためには、当初の建築費以外に、リフォームや大規模修繕を必ずしなければなりません。その間、家賃の値下げや空室リスクにもさらされます。

　さらに最後には、更地にして建て替えなければなりません。そのためには、入居者の立退き費用や建物の解体費用、建て替え費用など多額の費用がかかります。その上、入居者の立退き交渉は法律によって、不動産業者などには依頼できないので地主が直接行わなければなりません。

　先祖伝来の土地の価格が徐々に下落していく地方圏や三大都市圏・地方中枢都市の中心部以外の「負動産」の場合、20〜30年後には半値になると予想されます。

　このような環境の中でそこまで多額の費用をかけて、アパート経営を続ける意味は何か？先祖伝来の立地条件で相続人に「どのようにして」相続させたいのか？冷静になって熟慮する必要があります。人によっては早く手放すことを考えないと、「負動産」が「腐動産」になって、売却困難になる可能性があります。

　相続対策を成功させるためには、不良資産である「負動産」や「腐動産」を売却して、優良資産で立地条件のよい土地（「富動産」や「不動産」）に組み替えることも必要でしょう。また三大都市圏の中心部の区分マンションを購入することも検討するとよいでしょう。

　アパート経営が失敗するか成功するかは、ほとんど建築前に決まっています。相続対策でアパート経営を行う前に「誰に」「何を」「どのように」相続させるのかを考える必要があります。

　また建築前に減価償却費や「デッドクロス」を理解し、「建築費」「設計図面」「収支予想プラン」などを作成すれば上手くいきます。このとき最も大切なことは、将来、その土地は地価を維持できるのかどうかです。

9割の地主が経験するアパート経営4つの段階

アパート経営4つの段階

1 第1段階：1～10年目—勘違いする『30年一括借り上げ』時代—

① 「『30年一括借り上げ』は30年間家賃保証がある」と勘違いする。

② 「不動産を活用した節税対策が上手くいった」と勘違いする。

③ 「借金をすると相続税が下がる」と勘違いする。

④ 「アパートを建築して先祖伝来の土地を守れる」と勘違いする。

2 第2段階：11～20年目—間違いに気付づく『デッドクロス』時代—

① 「30年一括借り上げ」は30年間の家賃保証ではないという間違いに気づく

② 多額の借入金が原因で「デッドクロス」になったことに気づく？

③ 「減価償却費」が少なくなり「デッドクロス」になったことに気づく。

④ 「デッドクロス」になり税金が増加したことに気づく。

⑤ 「デッドクロス」になり手残りがマイナスになったことに気づく。

⑥ リフォーム費用や大規模修繕費用が多くかかることに気づく。

⑦ 「アパート経営なんか、するもんじゃなかった！」と後悔する。

3 第3段階：21～30年目—『成り行き相続対策』の失敗に気づく時代—

① 相続人が「アパートに借金があるので相続したくない」と思う。

② 相続人が「相続税の納税資金の確保ができない」と思う。

③ 「相続人間でアパートの遺産分割ができない」と思う。

④ 土地（負動産）が半値になり、売却困難な土地（腐動産）になる。

⑤ 「アパート経営は最初の10年間はよいが、築20年後から苦しくなる」ことを実感する。

⑥ 「30年一括借り上げ契約」をサブリース会社から契約解除される。

⑦ 「建築会社や不動産業者の安直な『成り行き相続対策』の提案で失敗した」ことに気づく。

4 第4段階：31年目以降—非常に困った『土地持ち死産家時代』—

①アパートを建て替える資金がないという問題が発生する。

②入居者の立退き交渉と立退き費用の問題が発生する。

③建物の解体費用の問題が発生する。

④相続人が「老朽化したアパートを相続したくない」という問題が発生する。

相続対策でアパート経営を成功させる方法

相続対策でアパート経営に失敗する原因は、主に次の4つです。

1つ目は、築15年前後に「デッドクロス」になり税金が増加すること。

2つ目は、立地条件の悪い先祖伝来の土地にアパートを建築すること。

3つ目は、サブリース契約により手残りが少なくなること。

4つ目は、建築会社（ハウスメーカー）や不動産業者の「成り行き相続対策」を行うこと。

アパート経営を成功させるためには、これら4つのことと逆のことをすればよいのです。

1つ目は、「デッドクロス」により手残りがマイナスにならないようにするためには、自己資金を十分に用意して建築することです。それと同時に、相続対策では繰り返しの説明になりますが、「借金すると相続税が下がる」という間違った考え方を捨てることです。

2つ目は、先祖伝来のよくない土地を売却して、立地条件のよい土地だけを残すことです。そしてよくない土地を優良資産である大都市圏の築古アパートや区分マンション、金融資産などに組み替える「資産戦略型相続対策®」を実行することです。

3つ目は、アパート経営はサブリース契約ではなく、最初から一般的な管理委託方式を行い、当初の建築費を安くし、手残りが多くなる不動産経営をすることです。

4つ目は、そもそもサブリース契約によるアパート建築は、建築会社（ハウスメーカー）や不動産業者からの相続対策の安直な提案から生まれた

ものです。土地活用や不動産経営に詳しい相続対策の専門家のアドバイスを受ければ失敗はなくなります。

　特に「デッドクロス（黒字倒産）」という不動産特有のリスクについては、建築会社や不動産業者、税理士でも知らない人は驚くほど多くいます。

　このような理由から筆者（後東）はサブリース契約して、アパート経営が成功するとは、とうてい思えません。築10年前後で、ほとんどの人は徐々に収入が減り、支出が増えることでたいてい「何かおかしい、『30年一括借り上げ』が原因か？・・・相続対策で失敗した？」と初めて気づきます。

　ところが、サブリース会社に問題の解決策を尋ねたり、或はアパートの売却を依頼する人がいます。「盗人に追い銭」にならないようにしたいものです。

アパート経営で成功する方法
・相続対策では「30年一括借り上げ（サブリース契約）」をしないことが、一番よい相続対策になります

　相続対策でアパート経営などを行い、成功する秘訣は特別難しくありません。まず、建築会社（ハウスメーカー）や不動産業者からの安直な「**成り行き相続対策**」で行う、「**30年一括借り上げ**」の提案を受入れないことです。

　そして先祖伝来の土地に固執するのではなく、不良資産である立地条件の悪い土地（負動産・腐動産）を売却し、収益性、流動性のある「富動産」或は金融資産などの優良資産に組み替える「資産戦略型相続対策®」を実行すればよいのです。

　アパート経営をしたい場合には、手持ち資金を十分に用意してから建築すれば、「**デッドクロス**」は起きません。そして一般的な管理委託方式でアパート経営を行えば大きな失敗は起こりません。

　このとき注意することは、1棟の立派な賃貸物件を建築しないことです。なぜなら将来、相続人間の遺産分割が困難になり、また資金面で建て替えなどが難しくなるからです。

「相続対策では不動産を共有名義にするとよい」の間違い

共有名義の不動産は必ず相続トラブルになる ―不動産の共有持分と行為の制限とは―

共有名義の不動産は必ず相続トラブルになる

　共有名義の不動産は、相続のとき「取りあえず公平に相続がなるように、兄弟の共有名義にしておこう」、夫婦で「資金がないので共有名義で、住宅ローンを組んでマイホームを購入しよう」、親子で「子供にお金がないから、親がその分出して共有名義にしておこう」などが多く見られます。

　共有名義の不動産は、相続面や不動産の利用から考えた場合、メリットはなくデメリットの多い非常に厄介な不動産になります。その結果、売却困難な或はマイナスの価値しかない「腐動産」になることもよくあります。そのとき間違いなく誰も相続したくない不動産になり、相続トラブルの原因となります。その結果、「土地持ち死産家®」に近づきます。

　例えば、次のような揉め事がよくあります。
「兄弟名義で自宅を相続し売却するとき、売却金額でもめた」
「共有名義の不動産に住んでいる共有者が、家賃を支払わないのでもめた」
「兄弟の共有名義で実家を相続したが、実家の売却に反対されてもめた」
「共有名義のアパートの家賃を一人占めして分配しないのでもめた」
「夫婦の共有名義の不動産で、離婚後連絡が取れないので困った」

「兄弟名義の土地にある賃料の低い老朽アパートで、賃料や地代で兄弟がもめた」

「親子共有名義の土地で子供が先に亡くなり、子供の相続人である嫁や孫と相続でもめた」

「兄弟名義の土地で有効活用しようとしたが、兄弟で銀行の借入れと方針でもめた」

不動産の共有持分とは

　共有名義の不動産とは、1つの不動産を複数人で所有している状態のことです。実際には、不動産を「共有持分」という割合（○分の○もしくは○○％）で、親子や兄弟姉妹、夫婦などの複数で持ち合っています。「共有持分」とは、権利上のものであって、物理的なものではありません。よくある間違いに、次のようなことがあります。例えば、300㎡の土地が長男、二男、三男の3名の共有名義で、それぞれの持分割合が3分の1の場合を考えます。長男の持分割合が3分の1の場合、単純に300㎡÷3＝100㎡を「共有持分」であると思っている人がいます。この理解は間違っています。

　つまり、土地がそのまま3等分されるわけではありません。「共有持分」が3分の1でも、持分割合に関わらず土地全体を使用できます。

　共有名義の不動産は相続で取得した土地や建物に多く見られ、相続人間で持分登記しています。

　また遺産分割協議が未了で亡くなった人（被相続人）名義のままで放置されている共有名義の不動産、或は相続トラブルで遺産分割ができない共有名義の不動産もあります。二世帯住宅、マンションなどを購入する際、親子、兄弟姉妹、夫婦で資金を出し合った共有名義の不動産もあります。

　共有名義の不動産は、各々が持分割合の範囲で所有権を持つことであり、1つの不動産のどこの部分を所有するというものではありません。つまり持分割合は決まっていても、持分の部分は決められていない状態のことを言います。

共有名義不動産の行為の制限

　共有名義の不動産は、様々な行為の制限を受けます。具体的には、それぞれの共有者は、共有名義の不動産に関して、保存行為、管理行為、変更行為を行うことが認められています。

　１つ目の保存行為とは、共有物の現状を維持する行為で、単独で行うことができます。具体的には、次のことです。

　①共有名義の不動産の修繕

　②無権利者に対する明渡し請求や抹消登記請求

　③法定相続による所有権移転登記

　２つ目の管理行為とは、共有名義の不動産の性質を変えない範囲での利用行為や改良行為で、共有持分の価格の過半数の同意がなければ行うことはできません。具体的には、次のことです。

　①共有名義の不動産の使用方法の決定

　②賃貸借契約の締結・解除（建物3年・土地5年以内）

　但し、短期賃貸借の範囲を超えないものや、借地借家法の適用を受けないものに限ります。

　つまり借地借家法の適用を受ける賃貸借契約では、賃借人（入居者）が大幅に保護されており、賃貸人（大家）から簡単に契約を解除することが難しいのです。

　３つ目の変更行為とは、共有名義の不動産の性質もしくは形状を変更することで、共有者全員の同意が必要です。具体的には、次のことです。

　①大規模なリフォーム

　②共有名義の不動産の売却・贈与

　③共有名義の土地に建物を建てること

　④担保権（抵当権など）、用益権（地上権など）を設定する契約

　⑤借地借家法が適用される賃貸借契約の締結

　従って共有名義の不動産の売却や銀行から借入れをするとき、不動産の有効活用をする場合には、共有者全員の同意が必要になります。

　このように共有物の保存行為は、共有者が単独で行うことができるが、

管理行為は共有者の持分価格の過半数が必要です。また変更行為は、共有者全員の合意が必要でありますが、実際にこれらの行為のどれに該当するかは判断が難しいケースが多いのです。

共有名義の不動産は絶対やってはいけない9つの理由

　共有名義の不動産は、メリットがほとんどなくデメリットが多いのが特徴で、根本的な解消が困難なため絶対にやってはいけない相続対策（不動産対策）です。共有名義の不動産にするときは、相続のときが多く相続人間で公平に分配したいからという人が多いようです。

　また子供や夫婦の年収や資産から考えて、共有名義にしなければ不動産を購入することができないから、共有名義の不動産にする人が多いようです。

　共有名義にすると、どういう場合に損するのか、主なデメリットを9つ説明したいと思います。

1、共有名義不動産の売却は、全員の同意が必要で容易ではない

　共有名義の不動産を売却するためには、共有者全員の同意が必要になります。たとえ、自分の共有持分の割合が9割で、他の共有者が1割だとしても、自分だけの判断で売却できません。この点が、最大の問題です。

　従って、共有名義の不動産を有効活用するときや売却して換金したいときには共有者全員の同意が必要です。しかし実際には売却方法や価格での意思統一が難しく、その後、相続トラブルに発展することが少なくありません。共有名義者が認知症などになった場合には、さらに問題が複雑になります。

　また共有名義の不動産の「持分」を単独で売却することは、一般的に容易ではありません。

　共有名義の不動産の「持分」の購入者は、すでにその土地の「持分」を持っている共有者か、或はその土地の共有者全員からすべての共有持

分を買収し、一体としてその土地を有効活用する購入者に限定されるからです。

2、相続によって共有者がネズミ算式に増加する

　共有名義の不動産は、相続を繰り返すことで、共有者（相続人）がネズミ算式に増え、権利関係が複雑になるという重大な問題があります。

　また相続人同士が疎遠な場合、共有者全員の意思統一することは困難な場合が多く、共有地の上に建物を建てたい人や自分の土地（持分）だけ売却して現金化したい人が現れ、相続トラブルに発展することがよくあります。

　たとえ自分の所有する不動産に愛着があっても、自分の共有名義の不動産が遺産分割対象となる可能性があります。また不動産の共有持分の価値が下がり、売却、管理、保存に必要な同意を得る人数が増え、共有者同士の話合いが困難になることが一般的です。

3、借入のとき、共有名義不動産を担保にできない

　金融機関から融資を受けたいとき、不動産を担保として提供する（抵当権の設定）ことが想定されます。このとき、抵当権の設定の手続きにおいて、共有者全員の同意が必要になり、1人でも反対すれば金融機関からの融資は受けられません。共有者（相続人）で借金をしたい人はいないのが実情です。

4、共有物の変更は、共有者全員の同意が必要

　土地が共有名義の場合、建物の建築などは共有者全員の同意がないとできません。また建物が共有名義の場合、家屋の取り壊し、大規模改造、新築への建て替えなどは共有者全員の同意がないとできません。

　例えば遺産分割協議が未了で故人の名義のままで放置してあったり、相続トラブルで遺産分割ができない共有名義の不動産で、その建物に誰かが住んでいる場合、大規模改造や新築への建て替えなどはできません。兄弟姉妹など他の共有者の合意を得る必要があるからです。合意を得ず

に強行すれば財産権の侵害になり、さらに大きな相続トラブルに発展するでしょう。

　また賃貸アパートやマンションなどの場合、賃借人（入居者）との契約内容の決定や変更は管理行為になり、共有持分の過半数の同意が必要になります。このとき注意すべき点は、共有者の人数ではなく、共有持分の割合であることです。

　尚、共有名義の山林の伐採は、共有物の変更にあたり共有者全員の同意が必要です。

5、共有名義不動産は相続で物納できない

　平成18年に相続税法が変更になり、共有名義の不動産や相続争いがある不動産は「管理処分不適格財産」として物納は認められていません。

6、共有名義不動産は相続税が増加する

　相続税を計算するときの財産評価では、共有名義の不動産は一体でその土地の価額を評価し、その後、その価額を共有持分で按分したものが、各共有者（相続人）の財産の価額となります。

　例えば3,000万円の共有名義の不動産を、3名の共有者が持分3分の1ずつ所有しているとき、1名の持分は1,000万円になります。ところがこの価額は共有者全員が一体で売却する場合に成り立つ価額であり、一般の市場価格では成り立ちません。

　従って共有名義の不動産は実際には売却できないのに、相続時に実際の財産価値よりも相当高く評価されるので、その分相続税が増加するのです。また売却できない共有名義の不動産でも、共有者は毎年多額の固定資産税などを支払わなければなりません。

7、離婚した場合、不動産売却や財産分与が複雑になる

　夫婦で住宅ローンを利用して、共有名義の不動産を持っている場合、大変悲惨な結果になることがあります。

　その理由は、お金がないから住宅ローンを利用しているケースがほと

んどのため、夫婦の一方が購入できる可能性が低いのです。その結果、共有名義の不動産を売却しなければならなくなります。ところが、住宅ローンが残っている場合、金融機関が売却を認めないこともあるからです。

さらに夫婦共有名義の不動産の場合、離婚時の財産分与が複雑になり、離婚協議が長引く可能性があります。なぜなら、婚姻中に築いた財産は、すべて夫婦で折半するのが財産分与の原則であるため、不動産も共有持分の割合に関係なく、半分ずつ分割するからです。

離婚協議で合意できればよいのですが、離婚後も自宅（共有名義の不動産）に住みたいといった場合、トラブルになることがあります。

8、コストが共有者の人数分増加する

単独で不動産を所有する場合、登記費用は1人分ですみます。しかし共有名義の場合、共有者の人数分かかります。またアパートローンや住宅ローンを利用するときにも、その諸費用は人数分必要になります。

9、贈与税がかかる可能性がある

不動産を複数人のローンで購入した場合、1人の共有者の収入がなくなれば、他の共有者が収入のなくなった人のローンを払わざる得なくるかもしれません。この場合、他の共有者への贈与と見なされ、贈与税の対象となることがあります。

<u>また共有名義で不動産を購入するとき、支払ったお金の割合と共有持分の割合がズレているとき、差額分は贈与と見なされます。</u>

例えば、親子でお金を半分ずつ負担したにも関わらず、親の持分を4分の1、子供の持分を4分の3で登記した場合、親から子供へ持分4分の1が贈与されたことになります。

親子だから、夫婦だから、兄弟姉妹だからという理由で、共有名義で登記してから、想定外の税金が課税されることがあるので注意が必要です。

10、あえてメリットを探すと

あえて、共有名義の不動産のメリットをあげるとすれば、不動産売却

時に「3,000万円特別控除」を共有者の人数分だけ受けられることです。「3,000万円特別控除」は、居住用財産（マイホーム）を売却したとき、3,000万円までの売却益ならば、譲渡所得税が課税されない制度です。

　例えば、夫婦共有名義の不動産を売却した場合、夫3,000万円、妻3,000万円の控除を受けられるため、最大で6,000万円の売却益まで、譲渡所得税が課税されません。

　しかし、実際にマイホームでこれほどの利益を上げることは、ほとんどありません。利益が出た場合に、恩恵を受けるだけであって、当初からこの制度を利用する目的で、不動産を共有名義にすることは愚かな考えです。

11、まとめ

　共有名義の不動産はデメリットしかなく、根本的な解消が難しく絶対やってはいけない相続対策（不動産対策）です。

　共有名義の不動産は売却や有効活用、相続発生時に必ず大きな障害となります。共有名義である限り、必ずいつでもどこかでトラブルが起こります。深刻化すれば、相続トラブルや訴訟に発展します。

　共有名義の不動産の収益があまりない場合でも、毎年固定資産税などを支払い、共有者に相続が発生すると、その相続人に多額の相続税がかかります。また、共有者に相続が発生すれば、共有持分はさらに複雑になり、問題解決に時間とお金がかかります。

　共有名義の不動産の解消策は、第三者が間に入り調整をすることが一番よい結果につながるケースが多いものです。

　共有名義の不動産問題は、経験豊富な専門家のやり方によっては、必ず解決できる問題であり、絶対に先送りしないことが大切です。今すぐに共有名義を解消することが重要です。

　尚、共有名義の不動産の「持分」を移転する場合、費用、手続き、譲渡所得税、贈与税、不動産取得税、登録免許税などの税金を考え、その上、遺産分割や納税資金を考えた総合的な相続ビジョンを作成してから取りかかることが必要です。

共有名義の不動産を解消する方法

　共有名義の不動産の共有関係を解消するためには、どのような方法があるのでしょうか？

　主な解消方法をご紹介します。

1、全部売却

　全部売却とは、共有者全員が合意して共有名義の不動産を売却する方法です。売却代金は共有者の持分に応じて分配されます。最も公平な共有解消方法です。しかし誰か一人でも「売却に反対である」「金額に納得がいかない」と、この方法は利用できません。

2、「持分」の一部売却

　「持分」の一部売却は、自分の「持分」だけを共有者以外の第三者に売却する方法です。この場合、他の共有者の合意が必要なく、自分の意思で売却できます。

　但し、「共有持分」の売却は、一般の不動産取引と異なります。つまり「持分」を購入する人は限られており、一般の不動産業者は扱わないのが通常です。その理由は、不動産の「持分」を購入して、「人に貸したい」「全部の不動産といっしょに売却したい」と思っても、共有者の同意を得なければならないからです。従って、共有名義の不動産を購入する人は非常に少ないのです。

　尚、「持分」について、民法206条に「所有者は、法令の制限内において、自由にその所有物の使用、収益及び処分をする権利を有する」とあり、「持分」の売却は法的に可能です。

3、持分移転

　持分移転とは、共有者間で「持分」の売買を行い、共有関係を解消し単独名義にする方法です。このとき注意すべき点は、世間相場と比べて安い価格で売買すると、税務署から贈与とみなされ、購入した人に贈与

税が課される可能性があることです。「持分」の適正価格を算出するためには、不動産鑑定士の鑑定評価が必要になることもあります。

またこの方法は、他の共有者に買取る資金が必要になります。

4、持分放棄

持分放棄とは、共有者の1人が自分の「持分」を放棄して、他の共有者に譲る方法です。持分放棄は、他の共有者の同意は不要で自分の意思だけで行うことができます。しかし持分放棄は、自分の「持分」を共有者にタダであげる行為であることから、実際にこの方法が選択されることはほとんどありません。

5、土地の分筆

共有名義が土地の場合には、土地の分筆も選択肢になります。この方法の難しさは、共有者の持分比率で面積を分けたとしても、土地の価格が比率通りになるとは限らないことです。

具体的には、次のように行います。共有の1つの土地を複数の土地に分割して登記し、それぞれが単独で所有することです。しかし分筆をしただけでは、分筆した土地をそれぞれが共有している状態に変わりないので、単独所有するためには、分筆後それぞれ自分の持分を交換する必要があります。

この方法は土地家屋調査士の土地の測量、境界の確定、登記などの手間と報酬がかかります。また不動産取得税、登録免許税、譲渡所得税が課税されたり、税理士や不動産鑑定士の報酬がかかることもあります。費用対効果を考えてから実行する必要があります。

6、共有物分割請求訴訟

共有者はいつでも共有物の分割を請求できます。共有者の話合いによる分割、もしくは共有者間の協力が得られない場合には、裁判所に「共有物分割請求訴訟」を申し立てることです。この方法によって、共有名義の不動産の共有状態は解消されて共有関係は終了します。

この方法のデメリットは、「売却代金が少なくなる」「訴訟費用と時間がかかる」「自分の希望した分割方法にならない」などといったことがあります。メリットは必ず何かしらの方法で分割できることです。

共有名義の不動産の解決方法

共有名義不動産の解決には専門家が必要

　共有名義の不動産は、親子、兄弟姉妹、夫婦など親族名義が多く、微妙なかんじょう（感情と勘定）が伴い、共有者同士の話合いで解決策を見つけることは非常に困難な場合が多くあります。一度問題がこじれると、共有者同士で解決することは容易ではありません。

　共有名義の不動産の解決策は、全部売却、「持分」の一部売却、持分移転などがありますが、通常の不動産取引と異なり、一般の不動産会社ではノウハウがなく対応できません。

　共有名義の不動産を解消するためには、不動産の評価、税務、登記、法律、相続対策など様々な手続きや有機的に発生する数々の問題への対応力が求められます。従って、個人が独力で取り組むことは難しくなり、専門家のプロジェクトチームで対応せざるを得ません。

　具体的には、不動産の評価は不動産鑑定士に、不動産の税金は譲渡税や固定資産税の税務に詳しい税理士に、相続登記や持分登記に詳しい司法書士に、不動産の法律問題は不動産に詳しい弁護士に、というふうに依頼する必要があります。

　最も重要なことは、共有名義の不動産や共有持分の売却に精通し、購入者の幅広いネットワークを持ち、その上、専門家をまとめ、相談者の立場に立って対応できる相続の専門家チームで対応することです。

最初から共有名義不動産にしない方法

　相続が発生した瞬間に、不動産、預貯金などの相続財産は、相続人の共有財産になります。ところが預貯金は解約したり、有価証券は売却、

換金して公平に分配できますが、不動産は一つとして同じ物がなく、公平に分配できません。

　1つの不動産に対して、相続が発生した瞬間に、複数の相続人名義で共有状態になるのです。このとき注意すべき点は、共有名義の不動産といっても、相続人の名義で相続登記されているわけではありません。

　従って、相続が発生した瞬間に、不動産を共有にしない唯一の方法は、生前に公正証書遺言を作成しておくことです。公正証書遺言に「Aの不動産は、長男に相続させる」と指定しておけば相続人間の争いを防ぐ方法になり、共有名義を防ぐことができます。

　このとき注意すべき点は2つあります。1つは、相続税の試算や遺留分を計算してから公正証書遺言を作成することです。もう1つは、遺留分は不動産の相続税評価額ではなく、時価で評価することです。

相続対策で成功する方法

・相続で絶対に不動産を共有名義にしないこと。

　不動産の共有名義は、相続したとき絶対にやってはいけないことです。

　共有名義の不動産にすると、土地の有効活用が困難になったり、売却が困難になったり、遺産分割が困難になるからです。

　夫婦共有名義の不動産でも、離婚はあり得えます。また親子の共有名義の不動産でも、親が死に相続が発生すれば、子供同士の共有名義になります。さらに兄弟姉妹の共有名義の不動産は、世代が代われば甥・姪同士の共有名義になり、さらに人数がネズミ算式に増えて非常に厄介になります。

　共有名義の不動産は、本人が生前に解消しておくことが最善の相続対策になります。また「土地持ち死産家®」にならないためにも、不動産のある人は、必ず公正証書遺言を作成しておくことが必要です。

「贈与税の配偶者控除2,000万円は節税対策になる」の間違い

民法改正で結婚20年以上の夫婦に優遇措置

結婚20年で自宅を遺産分割対象外に

　2019年（令和元年）7月の民法改正で、配偶者を対象にした自宅贈与への優遇措置ができました。その内容は結婚期間20年以上の夫婦の場合、遺言書や生前贈与で配偶者（妻）が自宅(居住用不動産)を取得すると、自宅は遺産分割の対象から除外できることです。

　従来は配偶者(妻)が自宅を生前贈与されても、配偶者（夫）の相続が発生したときには遺産分割の計算の際に、特別受益として持ち戻されていました。ところが2019年7月から生前贈与された自宅については、特別受益として持ち戻さなくてもよくなりました。今後、配偶者（妻）は自宅を確保した上に、別途、余分に預貯金などを相続する可能性が大きくなりました。

　ところで、自宅を妻に「贈与税の配偶者控除」2,000万円の非課税枠を活用して生前贈与する方法と遺言書で遺贈した方のどちらがよいでしょうか？結論から言えば、断然、遺言書による遺贈がお勧めです。民法改正で自宅を特別受益の対象外にできるため生前贈与しない方がよいのです。

特別受益の持ち戻しとは

　相続人の中で、被相続人(亡くなった人)から遺贈を受けたり、生前

に資金援助を受けた場合、これを「特別受益」といい、相続の前渡しを受けた者として相続分から差し引かれます。

　この制度を「特別受益の持戻し」といいます。「特別受益の持戻し」の対象となるのは、被相続人から相続人に対する生前贈与と遺贈です。相続人でない（孫や第三者）への生前贈与や遺贈は、原則として対象外です。

　相続の際「特別受益」がある場合、遺産を法定相続で分けると不公平になるため、このような制度があります。相続人の中で生前贈与がある人は、その分を引いた残りの財産を相続させるという仕組みです。

特別受益にあたるケース

　①遺贈を受けた（遺贈は相続時に遺言で与えられるものであり、常に　　特別受益となる。）

　②結婚や養子縁組の際、持参金や支度金を出してもらった。

　③**家を新築してもらった。住宅資金を出してもらった。**

　④独立開業の際、資金援助をしてもらった。

　⑤**家や土地をもらった。**

　⑥**特定の子供だけ留学費用を出してもらったり、**特定の子供だけ大学　　や大学院まで出してもらった。

　⑦高額の結納・新婚旅行費用を出してもらった。

　⑧借金返済の肩代わりをしてもらった。

　⑨一定期間生活費を出してもらった。

「贈与税の配偶者控除」とは

贈与税の配偶者控除とは

　「贈与税の配偶者控除」とは、結婚して20年以上経った夫婦間で、自宅やその購入資金の贈与があったとき最高2,000万円まで配偶者控除が認められる制度です。贈与税には、110万円の基礎控除が設けられてい

るため、それと配偶者控除を合わせると最大2,110万円まで非課税で贈与することができます。

　贈与は夫から妻、妻から夫のどちらからでもかまいません。この制度は「おしどり贈与」とも呼ばれています。この制度の問題点は、相続税の節税対策になると勘違いしている人が非常に多いということです。

　まず、この「贈与税の配偶者控除」を受けるための条件や対象となる不動産について確認してみましょう。

特例適用のための条件は、以下の4つです。
①夫婦の結婚期間が20年以上であること。
②配偶者から贈与された財産が居住用不動産またはその取得資金であること。
③贈与を受けた年の翌年3月15日までに居住しており、その後も引き続き住む見込みであること。
④同じ配偶者からの贈与については、初めてこの制度を受けること。

対象となる居住用不動産は以下の条件を満たす必要があります。
①住宅またはその住宅の土地が日本国内にあること。
②贈与された配偶者の居住用の住宅または土地であること。

　尚、この制度では居住用住宅とその土地を一括して贈与する必要はありません。従って住宅だけ、土地だけでもできます。アパートやマンションなどの賃貸物件は「居住用不動産」にならないので、この制度の対象外です。

　但し、土地だけの贈与を受ける場合には、次のどちらかに当てはまることが必要です。
①夫婦いずれかが居住用住宅を所有していること。
②贈与された配偶者と同居する親族が居住用住宅を所有していること。

「贈与税の配偶者控除」は生前贈与加算の適用対象外
　夫から妻へこの「贈与税の配偶者控除」を行い、3年以内に夫が亡くなっても、2,000万円までは特別に「生前贈与加算」の規定の適用はあ

りません。つまり贈与税も相続税も課税されません。

「生前贈与加算」とは、相続開始前３年以内に亡くなった人から贈与を受けていたとき、110万円以下の贈与であっても相続財産に加算して、相続税を課税し直さなければならないという規定のことです。この規定は相続が近くなってから、非課税枠内で贈与を行い、相続税の課税を逃れようとする行為を防止するためであります。

「贈与税の配偶者控除」は節税対策にならない７つの理由

１、登録免許税が５倍も高い

不動産の贈与には、「不動産取得税」や「登録免許税」の税金、税理士、司法書士などの報酬がかかります。不動産取得税は不動産を取得した際に課税される都道府県税です。固定資産税評価額に対して３％課税されます。尚、土地は固定資産税評価額が２分の１になる特例があります。

登録免許税とは、不動産の登記の際に課税される税金です。固定資産税評価額に対して２％の税率が課税されます。しかし相続で不動産を取得した場合は、不動産取得税が課税されません。また登録免許税も0.4％しか課税されません。

贈与税の配偶者控除と相続のコストの比較

	贈与税の配偶者控除	相続
不動産取得税	３％	０円
登録免許税	２％	0.4％

具体的に自宅の家屋2,000万円を贈与した場合の贈与税と相続税のコストを比較すると次の通りになります。

①贈与税の配偶者控除

・不動産取得税2,000万円×３％＝60万円

・登録免許税2,000万円×２％＝40万円
　②相続税
　　・不動産取得税０円
　　・登録免許税2,000万円×0.4％＝８万円
「贈与税の配偶者控除」と相続の際のコストの差は2,000万円で92万円です。

２、相続税がかからない人は意味がない

　相続税の基礎控除額は「3,000万円＋600万円×法定相続人の数」で計算されます。

　例えば妻と子供２人が相続人の場合、4,800万円以下の相続財産には相続税が課税されません。

　従って相続税の基礎控除額を上回る財産がなければ、生前贈与して財産を配偶者に移転させる必要はないでしょう。

３、贈与された人が先に亡くなった場合には意味がない

　例えば、節税対策として「贈与税の配偶者控除」を使って、夫から妻へ不動産を贈与したとしても、必ずしも夫が先に亡くなるとは限りません。妻の方が先に亡くなってしまうと、夫が贈与した不動産が妻の相続財産として課税されてしまいます。

　またその妻の不動産を夫が相続すれば、贈与した夫に戻り、節税対策どころか諸経費や税金が余分にかかっただけということになります。

　筆者（後東）は実際にこのような事例を何回か経験したことがあるのですが、相続では死ぬ時期と順番を自分で決めることはできません。だから相続対策は難しく、目先の節税対策にとらわれると失敗することが多いのです。相続対策は経験が大きくものをいう仕事なのです。

４、「小規模宅地等の評価減の特例」が使えないので損

　相続の際、配偶者が居住用不動産（自宅）を相続した場合、「小規模宅地等の評価減の特例」の適用ができます。「小規模宅地等の評価減の

特例」とは、一定条件を満たせば居住用の土地は330㎡までは、相続税評価額が80％減額できるという制度です。

　例えば330㎡、相続税評価額5,000万円の自宅の土地を配偶者が相続する場合、「小規模宅地等の評価減の特例」が適用されれば、次のような計算式になります。

　5,000万円×（1－80％）＝1,000万円

　相続税評価額は5,000万円から1,000万円に減額できます。

「小規模宅地等の評価減の特例」は土地の評価額を下げて計算できる制度です。一方、「贈与税の配偶者控除」は土地の評価額そのままで計算するので不利になります。

　このように「小規模宅地等の評価減の特例」を適用できれば、ほとんどの自宅の土地は税額を大幅に減額できるため、「贈与税の配偶者控除」より効果的な節税対策となります。

5、「配偶者の税額軽減」を活用した方が節税効果が大きい

　相続税には「配偶者の税額軽減」という制度があります。配偶者が取得した遺産額から配偶者の法定相続分、或いは１億6,000万円のいずれか大きい方の金額を差し引いて、残った金額にのみ相続税が課税されます。つまりほとんどの家庭では、配偶者は相続税が０円になります。

　例えば、夫が死亡して相続財産が10億円あっても、妻は5億円の財産を相続しても法定相続分以内であれば相続税は１円もかかりません。

「贈与税の配偶者控除」は基礎控除と合わせても最高2,110万円です。そのためこの額を超える贈与をした場合、その部分に対して贈与税が課税されます。従って少なくとも1億6,000万円以上財産を所有し、相続税が課税される場合でなければ「贈与税の配偶者控除」を適用するメリットはないといえます。

6、相続税が増加する対策になることがある

「贈与税の配偶者控除」を適用して、居住用不動産を贈与すると配偶者の財産がその分増えます。そのため配偶者がもともと財産を多く所有す

る場合、配偶者の相続開始時の相続税が増加する相続対策となります。この場合、相続税が増え且つ「贈与税の配偶者控除」を適用した際の税金や諸経費が余分にかかることになります。

　例えば、妻の財産が1億円で相続人は子供1人の場合、相続税1,220万円です。ところが夫から「贈与税の配偶者控除」により2,000万円贈与を受けると、妻の財産は1億2,000万円に増えて、相続税は1,820万円になります。その結果、相続税は600万円増えます。

7、不動産が共有になり不良資産になるかも

　居住用不動産(自宅)の価格が高い3大都市圏の場合、2,000万円の非課税枠で自宅全部を贈与できないことがあります。このとき土地は夫婦の共有になり、将来の遺産分割の際に相続トラブルの原因になる可能性があります。

まとめ

　相続対策として「贈与税の配偶者控除」を考えると、有効な節税対策ではありません。しかし夫の死後に自宅をめぐって妻と先妻の子供、子供がいない夫婦などで、相続人同士で相続トラブルが予想される場合には、生前に妻に自宅を贈与すれば贈与税がかからないという点から有効な対策となるかもしれません。

　このように遺産分割対策において「贈与税の配偶者控除」は有効な手段となることもあります。この場合、さらに有効な手段は公正証書遺言の作成であることは言うまでもありません。

節税対策で成功する方法

　・「贈与税の配偶者控除」は節税対策にならないので活用しないこと。

「贈与税の配偶者控除」は節税対策にはなりません。なぜなら配偶者にとって、コストが低く適用しやすい、相続税の「配偶者の税額軽減1億6,000万円の非課税枠」や「小規模宅地等の評価減330㎡80％減額」の方が使いやすく節税効果を大きくできるからです。

相続対策は第1に遺産分割対策、第2に財産管理対策、第3に「腐動産」対策、第4に納税資金対策、最後に節税対策を実行すると成功します。

くれぐれも目先の節税対策ばかりに目を向けず、相続対策の順番と鉄則を間違えないことが大切です。

「配偶者の税額軽減1億6,000万円は節税対策になる」の間違い

配偶者の税額軽減とは

配偶者の税額軽減

　配偶者の税額軽減とは相続の時、配偶者に対して「1億6,000万円」と「配偶者の法定相続分相当額」のどちらか多い金額まで、税額がかからないという相続税の税額軽減制度です。

　この表現ですぐに理解できる人は少ないと思いますので、事例を使って説明します。例えば2億円財産を持っている夫が亡くなった場合、妻は1億6,000万円まで相続しても相続税がかかりません。

　では6億円の財産を持っている人はどうなるのでしょうか？6億円の法定相続分（2分の1）は3億円です。この3億円と1億6,000万円を比べて、どちらが多い金額になるでしょうか？3億円です。

　このことから6億円の財産を持っている人が亡くなった場合、配偶者（妻）は3億円まで相続しても相続税がかからないのです。つまり配偶者はどの家庭でも最低1億6,000万円まで相続しても相続税がかからないのです。

配偶者の法定相続分

　配偶者の法定相続分とは、相続によって受け取ることができる配偶者の財産分で「相続人に配偶者と子供がいる場合」「配偶者と父母がいる場合」「配偶者と兄弟姉妹がいる場合」によって変わります。

相続人が配偶者と子供の場合は、配偶者2分の1、子供2分の1です。相続人が父母の場合、配偶者3分の2、父母3分の1です。相続人が配偶者と兄弟姉妹の場合（つまり子供のいない夫婦）、配偶者4分の3、兄弟姉妹4分の1です。尚、子供や父母、兄弟姉妹が2人以上いるときは、法定相続分の中で均等に分割します。配偶者は常に法定相続分として2分の1以上相続する権利を持っています。

配偶者の税額軽減を受けるための3つの条件

なぜ配偶者の税額軽減があるのか？その背景について説明したいと思います。まず被相続人の財産形成に寄与してきた配偶者に対する配慮です。次に日本の平均寿命から考えると、配偶者として残されるのは妻が多いため、残された妻の老後生活保障のためです。これらの理由から1億6,000万円の非課税枠の税制優遇措置があるのです。

この制度の適用を受けるためには、以下のような条件があります。

1つ目：婚姻届が提出されている法律上の配偶者であること

「配偶者の税額軽減」を受けることができるのは戸籍上の配偶者であり、「内縁関係」や「事実婚」など法律上の配偶者でない場合は、配偶者控除を受けることができません。しかし法律上婚姻関係にあればよいので、別居中であるとか、離婚調停中の場合でもこの制度を活用することはできます。

2つ目：相続税の申告期限までに遺産分割が確定していること

「配偶者の税額軽減」を受けるためには、相続人間で遺産分割協議が相続税の申告期限までに決まっていなければなりません。そして相続税の申告の時に「遺産分割協議書」を添付しなければなりません。

相続人間で遺産争いがあり遺産が未分割の場合、「配偶者の税額軽減」の税制優遇措置を適用することはできません。遺産が未分割の場合は、相続税の申告の時に「申告期限後3年以内の分割見込書」を添付して、法定相続分で遺産分割したと仮定して相続税の申告書を提出します。

その後、3年以内に遺産分割の話がまとまれば、遡って配偶者控除を受けることができます。この場合、遺産分割が成立した日の翌日から4か月以内に「更正の請求」を行います。

3つ目：相続税の申告書を提出すること

「配偶者の税額軽減」を受けるためには「相続税の申告書」を税務署に必ず提出する必要があります。相続税の申告書「第五表」の「配偶者の軽減税額の計算書」に記載して提出します。尚、配偶者の税額軽減を使う時に注意すべきことは、相続税が0円になる場合でも相続税の申告をする必要があることです。

二次相続で相続税が非常に高くなる理由

二次相続では相続税の基礎控除が減る

　一次相続で配偶者が多く財産を相続すると、次にその配偶者が亡くなった時の二次相続では相続税が非常に高くなることがあります。このことを多くの方が知りません。

　二次相続とは、例えば夫が先に亡くなり、次に妻が亡くなったとします。この場合夫の相続を一次相続、妻の相続を二次相続といいます。

　なぜ、二次相続の方が相続税が非常に割高になるのでしょうか？その答えは2つあります。1つ目の理由は、二次相続では一次相続よりも法定相続人が1人減ることで、相続税の基礎控除額が600万円減り、税率が高くなるからです。例えば一次相続で妻と子供1人の場合、二次相続では子供1人になり相続人が必ず1人減ります。

・一次相続
相続人2人の場合の基礎控除
3,000万円＋（600万円×2人）＝4,200万円
・二次相続
二次相続1人の場合の基礎控除

3,000万円＋（600万円×1人）＝3,600万円

二次相続では妻に固有の財産があると超過累進税率が上がる

　2つ目は二次相続の時、被相続人に固有の財産がある場合、一次相続よりも二次相続の税率が高くなるからです。例えば、一次相続で妻が夫の全財産を1億6,000万円相続すると、相続税は0円です。ところが二次相続で妻に固有の財産が1億円ある場合、夫の全財産1億6,000万円を加えると合計2億6,000万円になり、相続財産が非常に多くなります。

　しかも相続税は累進課税で10％から55％の8段階あり、法定相続分に応ずる取得金額に応じて次のようになっています。従って相続税の税率は、財産が増えるほど税率が上がるので、相続税が増えるのです。

　一次相続だけを考えると、「配偶者の税額軽減」を最大限活用した方が節税効果が大きくなりますが、二次相続までトータル考えると一次相続で配偶者に多く財産を相続させることは得策でありません。

　総合的に節税対策を考えると基礎控除が高く税率が低い一次相続の時に、配偶者ではなく子供に財産を相続させた方が相続税は低く抑えられます。その結果、二次相続で相続税を下げることができるのです。

相続税は超過累進税率（速算表）

各法定相続人の取得金額	税率	控除額
1,000万円以下	10％	―
1,000万円超～3,000万円以下	15％	50万円
3,000万円超～5,000万円以下	20％	200万円
5,000万円超～1億円以下	30％	700万円
1億円超～2億円以下	40％	1,700万円
2億円超～3億円以下	45％	2,700万円
3億円超～6億円以下	50％	4,200万円
6億円超～	55％	7,200万円

具体的な相続税シミュレーションから理解する

　具体的な例を挙げて相続税シミュレーションするとよく理解できると思います。例えば両親と長男1人の家庭で、父親が亡くなり相続が発生した時の配偶者の税額軽減を使った場合と使わない場合の2つを、ＡＢ

C３つの事例で相続税を試算して比較してみましょう。途中の計算が分かりづらい方はササッと読み飛ばしてください。

A：父親の財産1億円、母親の財産0円の家庭の場合

ケース１：一次相続で母親が全額相続した場合

①一次相続

母親が1億円を全額相続した場合、1億6,000万円まで配偶者の税額軽減により相続税は0円です。長男は遺産を一切もらわないので、相続税は0円です。

②二次相続

その後母親が死亡し二次相続が発生し、長男が1億円相続すると1,220万円相続税がかかります。

ケース２：一次相続で母親と長男が5,000万円ずつ均等相続した場合

①一次相続

母親が5,000万円を相続した場合、配偶者の税額軽減により相続税は0円です。長男は5,000万円を相続し、385万円相続税がかかります。

②二次相続

その後母親が死亡し相続が発生し、長男が5,000万円相続すると160万円相続税がかかります。

３、ケース１とケース２の比較

ケース１の長男の相続税は1,220万円（実効税率12.2％）になり、ケース２では相続税は385万円＋160万円の合計で545万円（実効税率5.5％）となり、ケース２の配偶者の税額軽減を全額活用しないの方が675万円相続税はトクをします。

B：父親の財産1.6億円、母親の財産1億円の家庭の場合

ケース１：一次相続で母親が全額相続した場合

①一次相続

母親が1.6億円全額相続しても、1.6億までの配偶者の税額軽減に

より相続税は0円です。長男は財産を一切もらわないので、相続税
は0円です。

②二次相続

その後母親が死亡し二次相続が発生すると、長男が母親の財産（1.6
億円＋1億円）の合計2.6億円を相続すると7,380万円相続税がかか
ります。

・（2,6億円−基礎控除3,600万円）×税率45％−控除額2,700万円＝
7,380万円

ケース２：一次相続で母親が6,000万円、長男が1億円を相続した場合

①一次相続

母親が6,000万円相続しても、配偶者の税額軽減により相続税は0
円です。長男は1億円相続して、1,338万円相続税がかかります。

・父親の財産1億6,000万円−基礎控除4,200万円＝1億1,800万円（相
続税評価額）

・1億1,800万円×2分の1×税率30％−控除額700万円＝1,070万円
（仮の税額）

・2,140万円×1億／1億6,000万円＝1,338万円

②二次相続

その後母親が死亡し二次相続が発生すると、長男が母親の財産（1
億円＋6,000万円）の合計1億6,000万円を相続すると3,260万円相
続税がかかります。

・（1,6億円−基礎控除3,600万円）×税率40％−控除額1,700万円＝
3,260万円

3、ケース１とケース２の比較

ケース１は父親と母親の合計相続財産2億6,000万円に対して、
なんと7,360万円（実効税率28,4％）相続税がかかり、ケース２は
1,338万円＋3,260万円の合計4,598万円（実効税率17.7％）かかりま
す。

つまりケース２の配偶者の税額軽減を全額活用しない方が、2,782万
円（実効税率10,7％）節税できトクをするのです。

C：父親の財産10億円、母親の財産4億円の家庭の場合

1、ケース1：1回目の相続で母親が5億円、長男が5億円相続した場合

①一次相続

　母親が5億円相続しても法定相続分まで、配偶者の税額軽減により相続税は0円です。

　長男も5億円相続財産を取得し、1億9,750万円相続税がかかります。

②二次相続

　母親が死亡し二次相続で母親の財産9億円を長男が相続すると4億320万円相続税がかかります。

2、ケース2：1回目の相続で母親が2億円、長男が8億円相続した場合

①一次相続

　母親が2億円相続しても配偶者の税額軽減で相続税は0円です。長男は8億円相続して、3億1,600万円相続税がかかります。

②二次相続

　その後母親が死亡し二次相続が発生すると、長男が母親の財産（4億円＋2億円）の合計6億円を相続すると2億4,000万円相続税がかかります。

3、ケース1とケース2の比較

　父親と母親の合計相続財産14億円に対してケース1では6億70万円（実効税率42.9％）相続税がかかり、ケース2では3億1,600万円＋2億4,000万円の合計5億5,600万円（実効税率39.8％）かかります。

　つまりケース2のように配偶者の税額軽減を全額活用しない方が、なんと4,470万円（実効税率3.2％）節税できトクをするのです。

配偶者の税額軽減の賢い活用法

　前記ＡＢＣ3つの相続税のシミュレーションから分かることは、配偶

者の税額軽減は必ず節税対策になるわけではないということです。夫婦間の相続においては、最低1億6,000万円まで相続税はかかりません。しかし節税対策になると思って全額活用すると、二次相続では非常に高額な相続税を支払うことになります。

　二次相続で相談が多いのは、一次相続で配偶者の税額軽減を全額活用して、二次相続で相続税が高額になることに気づいた場合です。おそらく依頼者が配偶者の税額軽減を節税対策であると勘違いしたことと、税理士が一次相続で相続税を少なく見せ、依頼者を喜ばせようとした結果このような相談が多くなるのでしょう。

　もう一つの理由は、トータルで相続対策の提案をできる税理士がほとんどいないからです。税理士は平成30年に約7万7,000人で、平成28年の相続税申告件数は約13万7,000件で、全国平均で税理士1人当たりの相続税申告件数は1.76件です。この数字から税理士が複数の相続税のシミュレーションを作成して、依頼者に提示しているとは思えません。税理士は相続対策のプロではなく、税金のプロなのです。

　相続対策として配偶者と子供の相続分をどのようにするかについては、一次相続と二次相続にかかる相続税まで含めたシミュレーションをする必要があります。また配偶者の税額軽減以外にも「小規模宅地等の評価減の特例」など様々な優遇措置があります。節税対策はこれらの優遇措置を含めて、「誰が」「どの財産を」「どのように相続するか」という相続ビジョンを決めてから行うことが大切です。

　例えば、「小規模宅地等の評価減の特例」は配偶者よりも子供が活用した方がよいのです。なぜなら「小規模宅地等の評価減の特例」とは簡単にいえば、1億円の自宅を80％減額して、2,000万円で評価して財産を取得することと同じです。子供がこの特例を適用しないで1億円の自宅を取得しても減額はありませんので、1億円に対する相続税を支払わなければならないからです。

　では配偶者の税額軽減の賢い活用法はどんな場合でしょうか？例えば、相続させなければならないやむを得ない事情がある場合、相続の時、将来値下がりが予想される不動産を取得し、配偶者の税額軽減を活用して

相続税を納めないようにして、次の二次相続の時に不動産が値下がりしていれば二次相続の相続税を少なくできます。

　また相続時に高額な死亡退職金を支給すると、次の決算期に中小企業の自社株は値下がりします。そのとき自社株を「配偶者の税額軽減」を活用して相続税を納めないようにしてから、その値下がりした自社株を後継者である子供に生前贈与すれば、自社株対策が有利になります。但し、「特別受益」の問題が生じることがあるので注意が必要です。

　もし一次相続で「配偶者の税額軽減」を全額使ってしまい、二次相続で相続税が高額になると後悔している人で、二次相続の大幅な節税対策を考えたい方は、子供に不動産を活用した生前贈与や孫に生前贈与する「隔世贈与」を考えると大幅に相続税を減額することは可能です。但し、二次相続はいつ発生するか分かりませんので、早急な対策が望まれます。

まとめ

　相続ビジョンを立案し、「配偶者の税額軽減」「小規模宅地等の評価減の特例」などの税金の様々な優遇措置の活用や相続税を計算して比較検討することは、一般の方には容易ではありません。

　そのため相続ビジョンの立案や相続対策は、相続コーディネーターの専門家チームなどで対応することをおすすめします。

　相続を親から子への世代間の財産移転、または事業、農業、不動産の承継だと考えると、一次相続（父親の相続）で配偶者がどの財産をいくら相続したらよいのかということは、二次相続（母親の相続）、三次相続（子供の相続）と合わせて有機的に考えるとよいことが分かります。

節税対策で成功する方法

　・「配偶者の税額軽減」は相続財産の多い人は、増税になることがあるので全額活用しないこと。

　本来、「配偶者の税額軽減」制度は節税対策ではなく、配偶者の老後の生活保障制度と考えられます。

　相続対策は相続財産の多い人ほど「配偶者の税額軽減」は全額活用せ

ず、総合的な相続ビジョンを立案してから、節税対策を実行することが最善の近道です。一次相続と二次相続にかかる相続税のシミュレーションを複数作成してから相続対策を実行することです。

「相続時精算課税制度2,500万円は節税対策になる」の間違い

「相続時精算課税制度」とは

　生前贈与には「暦年課税制度」と「相続時精算課税制度」の２つの方法があります。「暦年課税」とは１年間に110万円の基礎控除がある制度です。

　「相続時精算課税制度」は平成15年1月1日以降の贈与から導入されました。贈与する人は60歳以上の祖父母、父母で、贈与を受ける人は18歳以上の子、孫に適用できる制度です。

　相続時精算課税適用財産は2,500万円までは非課税とされ、2,500万円を超えた金額から20%の税率で贈与税が課税されます。この贈与財産の種類や金額、贈与の回数には制限はありません。この適用を受けた贈与財産はその贈与者（祖父母、父母）の相続の際、相続財産に加えて相続税が計算されます。

「相続時精算課税制度」は節税対策にならない8つの理由

1、暦年贈与が使えない

　暦年課税では毎年110万円まで無税です。ところが「相続時精算課税制度」を適用した場合には、基礎控除110万円の暦年課税を適用できず、すべての贈与財産を相続税の課税価格に計上しなければなりません。つ

まり「相続時精算課税制度」は、一度選択すると暦年課税には戻せないのです。

　長い期間にわたって節税対策を実行する場合、暦年課税の方がたいてい有利になり、「相続時精算課税制度」を選択することは、生前贈与による節税対策を放棄することになります。

2、登録免許税が5倍も高い

　不動産の生前贈与で「相続時精算課税制度」を使った場合、登録免許税や不動産取得税がかかります。生前贈与では登録免許税が固定資産税評価額の2％、不動産取得税が固定資産税評価額の3％かかります。

　一方、相続では登録免許税は固定資産税評価額の0.4％、不動産取得税はかかりません。「贈与税の配偶者控除」と同じように、「相続時精算課税制度」を使った生前贈与は税金などの費用が多くかかります。

3、110万円以下の贈与でも申告が必要

　暦年課税では年間110万円の控除があるので、それ以下の贈与では税金はかかりません。その場合、贈与税の申告もありません。

　ところが「相続時精算課税制度」では、年間110万円以下の贈与であっても税務署に申告する必要があります。「贈与税の申告書」や「相続時精算課税制度選択届出書」を提出する必要があるので手間がかかります。

　贈与税の申告をしないでいると、贈与税を受けた額にかかわらず20％の贈与税と無申告加算税、延滞税がかかります。

4、相続税は減少しない

　「相続時精算課税制度」とは、祖父母や父母から財産を生前に贈与された際に税金をかけず、将来の相続の際に、生前贈与分を含めたすべての財産に相続税をかける制度です。贈与時に税金がかからなくても、後から相続税が課税されるのです。

　その結果、この制度を使って非課税枠2,500万円を生前贈与しても、相続税の計算の際2,500万円が加算されるので節税対策にならないのです。

5、「小規模宅地等の評価減の特例」が使えない

　自宅などで「相続時精算課税制度」を利用すると、「小規模宅地等の評価減の特例」が受けられません。この特例は一定の要件を満たした居住用の土地であれば、330㎡まで相続税評価額は80％減額されます。

　この「小規模宅地等の評価減の特例」が適用されるのは、あくまで相続した土地です。土地に「相続時精算課税制度」を利用して生前贈与しても、相続税は1円も下がりません。

6、相続税をアップさせる

　「相続時精算課税制度」の適用を受けた贈与財産は、贈与時の価格で相続税を計算します。つまり将来の相続時に、その贈与財産が値下がりしていても、高い価格で課税されます。

　例えば、この制度を使った際に2,500万円の贈与財産の土地が、相続時に1,500万円の価格になった場合、相続税を計算する際には2,500万円として計算します。つまり1,000万円の価格分相続税がアップするのです。今後、人口減少により9割の日本中の地価が下落されると予測されるときに、活用すべき制度ではありません。

　例えば、土地や家屋などは毎年その評価額が減少するので、「相続時精算課税制度」による贈与はやらない方がよいのです。土地、家屋、アパート、マンション、倉庫、有価証券（株式・投資信託）、預貯金など確実に値上がりするものはありません。

7、特別受益トラブルになる

　「相続時精算課税制度」により贈与財産は、「特別受益」となり相続トラブルに発展することがよくあります。

　例えば、3人の兄弟姉妹がいて長男だけに「相続時精算課税制度」を使って住宅資金2,500万円を贈与し、長女と二男には贈与しない場合、長男への贈与は「特別受益」になり相続トラブルの原因になるでしょう。

　「特別受益」とは、相続人の中で被相続人（亡くなった人）から家を建

ててもらったり、土地をもらったり、独立開業資金を出してもらったり、特定の子供だけ留学資金を出してもらったりした者がいるとき、これを「特別受益」といい、相続の前渡しを受けた者として相続分から差し引いて計算します。

　尚、「相続時精算課税制度」に限らず、暦年課税による贈与も「特別受益」となる可能性はあります。

8、他の相続人に贈与がバレて、相続トラブルになることもある

　特定の子供だけに贈与する場合、「特別受益」の問題がありますが、相続税の申告書に記載しなければならないという問題もあります。
「相続時精算課税制度」を適用した贈与はすべて相続税の課税対象となりますので、贈与の事実が相続税申告書に記載されます。その結果、子供や孫にこっそり贈与したい場合、他の相続人が知ることができ相続トラブルの原因になるでしょう。

　ところが「暦年課税」による子供への贈与の場合、相続開始前３年以内の贈与のみが相続税の対象となります。５年も10年も前の贈与は相続税には関係なく、他の相続人が知らない贈与はバレなくて相続トラブルの原因となりづらいのです。

9、まとめ

　いずれにしても「相続時精算課税制度」は、原則相続税の節税効果はありません。また一度選択すると取消しができないので、節税対策では利用しない方がよいのです。

　この制度は子や孫の世代の消費を刺激する目的から設立された制度であると理解すると分かりやすいでしょう。高い贈与税を非課税にすることで、若い世代への贈与を促し消費拡大につなげる経済政策です。

　尚、遺産分割対策として法定相続分で分割できない場合、「相続時精算課税制度」を利用して遺留分相当額を生前贈与して、相続人間の相続トラブルを防止することに役立てる活用方法もあります。

節税対策になるという誤解はなぜ生まれるのか？

「贈与税の配偶者控除」と「相続時精算課税制度」の２つの制度を節税対策であると勘違いするのは、生前贈与を活用した節税対策の正しいやり方を知らないからでしょう。

相続対策の順番は第１に遺産分割対策、第２に財産管理対策、第３に「腐動産」対策、第４に納税資金対策、最後に節税対策です。最初に節税対策から始めるとたいてい相続対策は失敗します。その典型的な例が、時代遅れである従来の借金してアパート、マンションを建築することです。「相続対策は節税である」というのは一般の人の非常に多い誤解です。現在の税法からいえば節税対策というのは、ほとんど封じ込められてしまいました。

同一世代間（夫婦）の贈与や相続に関係のある「贈与税の配偶者控除」や「配偶者の税額軽減」などの制度は、配偶者の死後の生活を保障するために税金を軽減しようという制度です。

節税対策は高いレベルでの知識と経験が必要です。相続コーディネーターなどのプロジェクトチームで総合的な相続ビジョンを作成するとよいでしょう。

節税対策で成功する方法

・「相続時精算課税制度」は節税対策にならないので活用しないこと

「相続時精算課税制度」は節税対策では使わないことが鉄則です。「相続時精算課税制度」は節税効果がないので、相続対策が困難になるだけです。節税対策で行う生前贈与では「暦年課税」を活用することが鉄則です。

「相続時精算課税制度」は節税対策ではなく、経済を活性化させる手段として生まれた経済政策です。節税対策は相続対策の専門家に相談してから実行しましょう。

「教育資金1,500万円一括贈与は節税対策になる」の間違い

教育資金の一括贈与とは

教育資金の一括贈与の特例

　雑誌に「相続対策！教育資金贈与の活用で孫に一括贈与、利用しない手はない！期間限定のお得な贈与制度」の記事がありました。

　一般社団法人信託協会のまとめでは、平成25年4月1日（2013年4月1日）に教育資金の一括贈与制度がスタートしてから、1年間に約4万件以上の新規契約がありました。2018年3月には累計契約数19万4,336件、累計信託財産額1兆3,735億円に達し、この特例の人気の高さが伺えます。

　それと同時に、教育資金を非課税で贈与するには、この制度を利用しなければならないという勘違いをしている一般の方が多いということが分かります。「教育資金の一括贈与」は相続対策として利用できるかどうかですが、結論として有効な節税対策ではないと言うのが筆者（後東）の考えです。その理由について説明したいと思います。

教育資金の一括贈与の仕組み

　教育資金贈与の非課税特例とは、祖父母などから30歳未満の子供や孫、ひ孫への教育資金の贈与について、1人につき1,500万円を限度として、贈与税が非課税になる特例です。正式名称は「直系尊属から教育

資金の一括贈与を受けた場合の非課税」と言います。

　直系尊属とは曽祖父母、祖父母、父母といった直系の血縁関係にある人を言います。叔父、叔母や義父、義母は直系関係にないので、この特例は適用できません。養子縁組の場合には法的な血縁関係が生じるので、この特例の適用を受けることができます。また30歳を超えている子供や孫は特例対象とはなりません。

　贈与したお金は「教育資金」に使途が限定されています。教育資金の範囲は学校関係であれば非課税枠1,500万円、学校以外の習い事関係であれば500万円まで非課税枠があります。

1、1,500万円まで非課税となる「学校」の範囲

　①保育料、入園料、入学金、授業料、施設設備費または入学試験の検定料など。

　②ランドセル、教科書、制服、上履きなど

　③学用品費、修学旅行費、学校給食費など学校等における教育に伴って必要な費用など。

　学校等に直接支払われるお金は上記のものが該当し、「学校」であれば日本国内外を問わずにほとんどの種類のものが対象となります。

2、500万円まで非課税となる「学校以外」の範囲

　①学習塾やスポーツ教室の月謝

　②習い事に使用する物品（楽器や用具など）

　③習い事に通うための交通費（通学定期券代）

　④留学渡航費、学校などに入学、転入学、編入学するために必要となった転居の際の交通費

　平成31年度の税制改正によって、受贈者（子供や孫）が23歳以上であれば習い事に使われるお金は対象外となりました。しかし受贈者（もらう人）が30歳になった時点で学校等に在学している場合、40歳まで期間を延長できることになりました。

　これ以外の主な改正点は、受贈者の前年の合計所得金額が1,000万円を超える場合、この制度を利用できなくなりました。また申込期限が令和5年（2023年）3月31日まで延長されました。

教育資金の一括贈与が節税対策にならない理由

1つ目：手続きが面倒

　この制度を利用するには信託銀行などに一旦お金を預けなければなりません。その信託銀行などからお金を引き出すためには、領収証などを整理して提出する必要があります。この面倒な作業を30歳まで続けなければなりません。

　また教育資金として認められるかどうかの判定が難しい場合があります。例えば「習い事の楽器代」は自分で購入したものは認められません。教育資金として認められるには、指導者から購入する必要があります。つまりお金を信託銀行などから引き出すには、教育資金に関するルールを事前に確認しなければならないのです。

　子供や孫が30歳までに教育資金を使い切れなかった場合はどうなるのでしょうか？その場合、贈与者（祖父母や父母）に教育資金を戻す方法と受贈者（子供や孫）が受取る方法の２つあります。贈与者が受取る

◎概要図

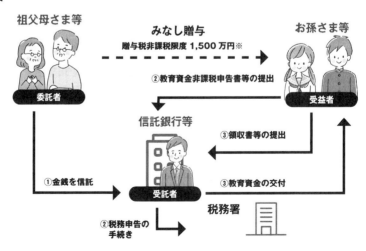

※学校等以外の者に支払われる金銭については 500 万円を限度

場合には税金がかかりませんが、受贈者が受取る場合には贈与税がかかります。

2つ目：不公平な贈与で子供が不仲に

　親が特定の子供の子（つまり孫）にだけ贈与したら、教育資金の贈与が原因で兄弟姉妹の仲が悪くなってしまうということもあります。

　例えば、長男に子供が2人、二男に子供がなく、長女には子供が1人の場合、両親から長男と長女の子（孫）に教育資金1,500万円を贈与したら、二男は不公平だと思うでしょう。また長男の2人の子と長女の子に1人1,000万円ずつ教育資金を贈与したら、長女は不公平だと思うかもしれません。

　教育資金の一括贈与に限らず、どんな贈与を行う場合でも子供達に法的に平等に贈与を行うことは難しいのです。特定の子供だけ海外留学費用を出せば、「特別受益」になり、相続トラブルの原因になります。特定の子供の子（孫）にだけ教育資金を出せば、相続の時の兄弟姉妹の遺産分割の揉め事の火種になることは間違いないでしょう。

　相続対策としての生前贈与は教育資金に限定しない贈与の方が使い勝手がよく、教育資金贈与信託は教育費にしか使えないので使い勝手が悪いのです。

3つ目：教育資金を贈与し過ぎて自分の老後資金が不足

　子供や孫に教育資金の贈与したのはよいが、贈与した自分自身の将来の老後生活資金や医療費、介護費、老人ホームなどの入居費用に困る人もいます。

　実際にあった例ですが、名古屋在住の人で長男、長女、次女の子供が3人おり、長女の孫が兵庫県の有名私立中学に入学した人がいます。兵庫県の有名私立中学に入るまでに、小学校のときから家庭教師を付けたり進学塾に通っていました。その上、兵庫県での孫の生活費や授業料の負担をすべて祖父母が面倒を見ていました。その結果、孫は目標である東京大学に合格されました。

ところがその祖父母の相談内容は、特定の子供の子（孫）に教育費を多く贈与したので、その親である自分の子供（長女）には、相続財産をやりたくないということでした。「自分達の老後資金が少なくなったので、できれば長女からお金を返してもらいたい。遺言書にもそのことを書いておきたい。」という教育資金の贈与し過ぎを後悔された例です。

　高齢期になれば公的年金だけで老後生活できる人はいません。医療費や介護費用が多くかかるようになります。厚生労働省保険局の調査では国民1人当たり生涯医療費は2,300万円で、その半分は70歳以降にかかります。2,300万円は平均ですから、それ以上かかることもあります。また差額ベッド代や高度先進医療の技術料は全額自己負担になります。

　人生100年時代においては、介護は誰でもどの家庭にも起こり得る問題です。将来起こり得る介護も視野に入れることが大切です。公益財団法人生命保険文化センターによれば、年代別人口に占める要支援・要介護認定者の割合は、下図のように75〜79歳12.9％、80〜84歳28.0％、85歳以上60.1％となっています。

　同センターが平成30年度に発表した調査で、「公的介護保険の範囲外の費用」として「どのくらいの金額を準備すれば安心か」と聞いたところ、平均242万円という結果になりました。また、要介護状態となった場合、必要と考える月々の費用の平均は16.6万円となっています。

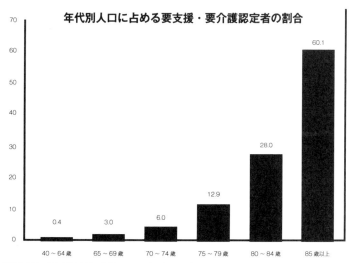

厚生労働省「介護給付費等実態統計月報」、総務省「人口推計月報」の各2018年7月データ

教育資金などの贈与はまず自分自身の老後の経済的な自立ができる目途を立ててから行えばよいでしょう。そして余裕資金があれば子供・孫に公平に行うのがよいのです。

4つ目：そもそも昔から教育資金の贈与は非課税

　国税庁のホームページには贈与税がかからない場合として、次のように記してあります。

　「夫婦や親子、兄弟姉妹などの扶養義務者から生活費や教育費に充てるために取得した財産で、通常必要と認められるもの」「教育費とは、学費や教材費、文房具などをいいます」

　例えば自分の子供が私立の大学へ入学し、年間教育費が110万円を超える年もあったと思いますが、子供が贈与税を支払った例はないでしょう。

　そもそも昔から教育資金の贈与は非課税で、親から子供へ、祖父母から孫へいくら生前に贈与したとしても、もともと贈与税は課税されません。またその金額に上限はありません。子供、孫と同居しているかどうか、生計同一であるかという条件も一切ありません。

　例えば祖父母が孫の私大の医学部入学金や授業料など１年分1,500万円を支払っても生前贈与にはならず、贈与税は１円も課税されません。大学の入学金口座に直接祖父母が振り込んでも問題はありません。さらにその孫に入学お祝い金として110万円を贈与しても非課税です。

　繰り返しになりますが教育資金はもともと非課税ですから、信託銀行等に口座を開設したり、領収書等の添付をして手続きが面倒なことまでして、「教育資金の一括贈与の非課税制度」を利用する意味はありません。

　もともと贈与税の課税されない教育資金を、金融機関に移し替えても意味はありません。それよりも現金や預貯金を生命保険に切り替えれば、法定相続人１人につき500万円の非課税枠を活用でき相続の節税対策になります。

5つ目：相続税がかからない人は無意味

　教育資金の一括贈与は相続の節税対策が目的です。相続税が課税され

ない人は最初から意味もなく、子供や孫に煩わしい金融機関の手続きの義務だけを発生させることになります。教育資金をその都度子供や孫に贈与することは、そもそも非課税なのです。

　この制度は既に約20万人が利用していますが、節税対策としての効果はなく相続対策としては利用する意味はないでしょう。

　節税対策としては、必ず相続税の試算をしてから、相続税率よりも低い贈与税率で贈与税を支払い、より多くの相続財産を生前贈与した方が税金面では有利です。教育資金の贈与は必要なときに必要な額を贈与した方が、子供や孫は喜ぶと思います。

節税対策で成功する方法

　・教育資金はそもそも昔から上限なく非課税であり、相続対策に利用しないこと。

　教育資金を非課税にするには、信託銀行等に預け入れ一括贈与を利用しなければならないと勘違いしている人が多くいます。

　そもそも教育資金は以前から上限がなく非課税です。従って相続対策で行う節税対策は教育資金の一活贈与ではなく、教育資金に限定しない生前贈与の方法で行った方がより効果が大きいのです。

「相続税は延納・物納すれば よい」の間違い

相続税の延納・物納は、ほぼ不可能に

延納・物納とは

　相続税は申告期限までに現金で一括納付しなければなりません。例外的に「延納」と「物納」という支払い方法があります。「延納」とは相続税を分割して5〜20年の年賦で支払う方法です。「延納」は利子税という税金が上乗せされます。「物納」とは延納によっても現金で納付するのが困難な場合、不動産や国債・地方債等で納める方法です。

　注意すべきことは延納には担保が必要となり、被相続人の遺産でも相続人固有の財産でも認められます。但し、遺産分割協議が整っていない場合、相続財産は相続人全員の共有となるため全員の同意が必要となります。

　また納税者（相続人）ごとにその適否が判定されます。例えば長男には延納が認められ、二男には延納が認められないということもあります。

　延納と物納は平成18年度の税法改正で条件が厳しくなったため、下記のように実際の利用件数が激減しています。

延納と物納の申告件数（国税庁の統計より作成）

①延納申請件数 延納申請金額

・平成3年　47,360件　2兆4,214億円

・平成4年　35,936件　1兆2,197億円

・平成22年　2,195件　724億円
・平成23年　1,811件　603億円

・平成29年　1,344件（許可1,008件）　483億円
・**平成30年　1,289件（許可890件）　579億円**

②物納申請件数　物納申請金額
・平成4年　12,197件　1,571億円
・平成5年　10,446件　6,228億円

・平成22年　448件　302億円
・平成23年　364件　310億円

・平成29年　68件（許可47件）　26億円
・**平成30年　99件（許可47件）324億円**

　延納のピーク時の申請件数は平成3年の47,360件、物納のピーク時の申請件数は平成4年の12,197件です。30年前まで、相続税の延納は日本全国で3～5万件あり特別めずらしいことではありませんでした。ところが平成18年の税法改正以降、現在では相続税の課税される人の1%未満、1,000人弱しか申請しても許可されません。

　また物納も同様に30年前まで、日本全国で1万件以上あり特別めずらしいことではありませんでした。今では申請する人も100人以下で実際に許可される人はごくわずかです。このように延納と物納は、現在ではほぼ不可能になった、と言っても過言ではありません。

延納や物納が激減した本当の理由

金銭納付を困難とする理由書の内容

　延納や物納が激減した本当の理由は、延納や物納の申請の際に添付する「金銭納付を困難とする理由書」の記載方法が変更になり厳格になったためです。この理由書は相続税を一括払いできない理由を説明するためのものです。この理由書に納税者自身の預貯金の額を記載したり、添付資料として給与所得の源泉徴収票や所得税の確定申告書も必要になりました。

　この理由書の具体的な記載方法は次の通りです。

**　　納付すべき相続税額－現金納付額＝延納することができる金額**

「現金納付額」とは、被相続人から相続した現金や預貯金に、相続人自身がもともと持っていた固有の現金や預貯金を足します。そこから３か月分の生活費と事業に必要な１か月分を差し引きます。その残りの現金や預貯金はすべて「延納することができる金額」と見なされます。

「現金納付額」＝（現金・預貯金など）－（３か月分の生活費＋１か月分の事業経費）

　生活費は本人（申請者）月額10万円、配偶者や家族は月額１人当たり月額4万5千円で計算します。

　例えば相続人本人の家族を夫婦と子供１人とした場合、なんとその家族の生活費は月額19万円、年間228万円になります。延納を受ける人の生活費は、地方自治体が公表している「生活保護基準額表」と同じような内容となります。

　相続税を支払わなければならないほどの資産家が、耐久生活を強いられるという本末転倒なことになります。だからほとんど誰も延納や物納をしなくなったのです。

　つまり延納の基本的な考え方を分かりやすくいえば、相続した現金や預貯金と相続人固有の現金や預貯金から生活費３か月分などを除いて、すべて相続税の納税に充てなさいと国が言っているのです。そして生活

保護世帯と同じ生活をしなさいと。

　これでも相続税が払えない場合にのみ、延納を認めるということです。さらに物納は厳しく最高で20年かけて延納で分割払いしても、相続税が払いきれない場合にのみ認められます。その結果、相続税の物納は今ではほとんどなくなったのです。

　相続税の納税方法は次の４段階になります。

①相続税を被相続人から相続した現金・預貯金で一括納付して支払う
↓
②次に相続人固有の現金・預貯金で相続税を一括納付して支払う
↓
③それでも相続税が支払えない場合は、生活保護と同じような生活を条件にされ、延納で担保を提供して利子税をプラスして、５〜20年かけて自分の給料から支払う。
↓
④さらに最高20年かけて延納で分割払いしても相続税が払えない場合に、物納が認められ不動産などで支払う。

自己都合の延納・物納は不可能

　物納がほぼ不可能になった理由は、平成18年の税法改正により要件が非常に厳しくなったからです。物納の要件は、金銭での納付が困難であること、物納財産の順位が定められた順位のものであること、管理処分不適格財産でないこと、所定の期日までに物納の申請がなされていることです。

　「管理処分不適格財産」とは、売却が困難であったり、管理が複雑で物納に適さない財産です。また他に物納できる適当な財産があれば受け付けられない「物納劣後財産」も規定されています。

　例えば遺産分割協議が整わないものは「管理処分不適格財産」として物納できません。また貸宅地（底地）は「物納劣後財産」になり、他に駐車場があればそちらを優先的に物納します。

物納に適さない「管理処分不適格財産」とは次の通りです。

・**担保権が設定されている不動産（借金のあるアパート、マンションなど）**
・相続争いがある不動産（遺産分割が確定していない不動産）
・境界が明らかでない土地
・借地権の目的となっている土地で借地権者が不明なもの
・道路付けがない土地や建築基準法に基づいて建て替えができない土地
・**他の不動産と一体として利用されている不動産若しくは共有名義不動産**
・土止め対策や土壌汚染などの整備撤去に費用が多くかかる不動産
・地上権、永小作権、賃借権などが設定されている不動産
・耐用年数を経過している建物など多数

　このように国はすぐ換金処分できる不動産を物納しろと言っているのです。国も相続人も同じように売却できないまたは売却困難な不動産をもらうよりも、価値のある優良不動産をもらいたいのです。

相続税は生前に不良不動産から売却して、納税資金を準備することが必要不可欠

納税資金は生前準備が必要不可欠

　相続税が払えなければ、いざとなれば相続財産で物納すればよいという昔ながらの安易な考えは間違いで非常に危険です。自分都合の延納や物納は不可能ですから、納税資金は生前の準備が必要不可欠になります。

　特に相続財産に不動産が多い場合には、現金や預貯金がなく相続税が払えないかもと思っている方は多いと思います。国税庁の平成29年度の統計年報によると、相続人が取得した相続財産の内訳は、不動産37％、現金・預貯金など32％、その他31％となっています。

　相続財産に不動産の多い人は、生前に不動産を売却して納税資金を準備することが３つの理由から大切です。

　１つ目は全国平均の土地価格の下落率は年1.7％ずつ値下がりしてい

ます。またその間、固定資産税の支払いや草取りなどの管理費用も必要になります。

　つまり土地は下がってから売却するよりも、また毎年経費を支払ってから売却するよりも生前に売却できる不動産であれば売却した方がトクなのです。また貸宅地（底地）、不整形地、共有名義不動産、老朽アパートなどの不良資産から積極的に売却した方がよいのです。

　2つ目は生前に不動産を積極的に売却した方がよい理由は、相続税を10か月以内に現金で一括納付できない可能性があるからです。遺言書がない場合、相続発生後一般的に、葬式、初七日、四十九日、百ヵ日法要を行い、その後、遺産分割協議が整うまで6か月程度かかります。その後不動産を相続登記してから売却しなければならないからです。

　さらに3つ目に重要なことは納税資金のために、10か月の期限内に早急に売却しやすい価値の高い優良資産から売却すると、残るのは売却できない困難な「土地」やマイナスの価値となる「腐動産」が残ってしまうからです。

　実際にあった例ですが、父親が亡くなり10か月以内の納税資金の支払いのためにすぐに売却できる優良不動産（土地）を不動産業者に売却しました。その結果、売却困難な市街地山林や不整形地、老朽アパート、ゴルフ会員権、別荘などの不良資産が残った人がいます。不良資産を相続すると、筆者（後東）がいう「土地持ち死産家®」になる原因となります。

「土地持ち死産家®」とは、人口減少で地価が継続的に下落する「負動産」に多額の借金をして、アパートやマンションを建築する「節税型相続対策」を行うと、30〜50年後、その土地には老朽化したアパートやマンションが建ち、価値のない売却困難な土地、つまり「腐動産」になります。その結果、安定的且つ継続的に「資産」を増やすことができず、土地という「死産」を相続人に相続させる人達のことを呼びます。

　元となる不動産を持っていても、アパートローンや固定資産税の支払いのために生活レベルを落としている人達です。尚、**「土地持ち死産家®」**は後東博の商標登録です。

延納・物納は国へ借金することと同じ

　納税資金のために借金をすることは本末転倒です。延納とは言い方を変えれば、国から相続税という借金をすることです。それを毎年国へ分割返済することです。

　相続財産の大部分が不動産や自己株式の場合、相続発生後すぐに現金が用意できないとき金融機関から借金ということになりかねません。借金すれば利子（利子税）を付けて返済しなければなりません。

　延納・物納の許可を受けるためには非常に高いハードルになるため、生前に生命保険を活用したり、不動産を売却して相続税の納税資金を確保しておくことが大切です。

　生前の相続相談で一番多いのは節税対策（生前贈与）です。ところが、相続後の相続相談で多いのが、節税対策で行ったアパート、マンションを建築して相続税の納税資金が足りない、他の相続人に払う遺産分割資金がないという相談です。また老朽アパートやマンションを相続したがどうしたらよいかという悩みです。

　節税対策は遺産分割や納税資金対策をした後の対策です。この鉄則に気づくのは亡くなった本人ではなく、相続が発生して初めてその過ちに遺族が気づくのです。

納税資金対策で成功する方法

・生前に「負動産」や「腐動産」を売却して、納税資金を確保すること。

　相続税の延納・物納は、ほぼ不可能です。延納すると月額10数万円の生活保護世帯のような生活を強いられるので、精神的に落ち込む人が多く相続トラブルの原因となります。

　相続税の納税資金は生前に必ず確保することが重要です。なぜなら相続発生後では相続税の納税期限に間に合わないことが多いからです。またすぐ売却できるよい土地である優良資産から売却すると、売却困難な「腐動産」が残り「土地持ち死産家®」になるからです。

「税理士は相続対策の専門家である」の間違い

1つ目：税理士は相続対策の専門家ではない

　最近こんな例がありました。所員が300名以上の大手の会計事務所へ相続税の申告をお願いしたところ、申告書の作成に10か月を費やしてしまいました。遺産分割協議書の作成はできず未分割で申告し財産は共有になりました。遺産はほとんどが十数カ所の不動産で相続税数億円は納税できず、20年間の延納になりました。

　その後、この大手の会計事務所に紹介された別の人に相続業務を依頼しましたが、何も手段を講じることもなく2年が経過して弊社に相談に来られました。税理士は「遺産分割は弁護士の業務で、税理士がやると非弁行為になる」という理由でやらなかったそうです。その結果、未分割で申告し財産を共有にして延納したのです。

　税理士に対する不満で1番多いのが、次のようなことです。相続税の申告期限間近になって「遺産分割協議書ができ、相続税は〇〇万円ですから、ここに署名・捺印して下さい」と言われ、言われるままにしたという話です。

　しかし後になって「あれで本当に署名・捺印してよかったのか」とか「遺産分割で不満を持った」という相談がよくあります。相続人は後になってから疑問や不都合に気づき、明らかに税理士の説明不足や不手際であることに気づきます。相続人は自分でできないから税理士にお願いするのですが、ここで初めて税理士は相続対策の専門家ではないことに気づ

くのです。

　筆者（後東）自身も親の相続の際「税理士は税金の専門家であるが、相続のプロではない。税理士や弁護士、司法書士などの専門家は相続で自分の出番を作ろうとするだけで、相続人に親身になって相続の相談にのることはない。」ということを実感しました。

　平成30年度の税理士の人数は約7万7,000人、平成28年度の相続税の申告件数は約13万7,000件です。相続税の申告を税理士1人当たりの1年間で1～2件程度です。つまり1年間相続税の申告を1件もやらない税理士もいるということです。

2つ目：税理士は相続対策に詳しくない

相続税法を勉強していない税理士がほとんど

　税理士の通常業務は会社や個人に代わって日々の記帳や中間申告書や期末の決算書を作成したり、法人税申告書の作成です。これらの業務は毎年必ずあり確実に収入が見込めるのです。ところが相続業務はいつ発生するのか分からないため、収入の見込みが立ちません。税理士としては確実な収入を確保できる通常業務を優先したいものです。

　相続で税理士の仕事は相続財産の評価をして相続税の申告書を作成することが業務です。

　ところが、申告書を作成する前に、誰がどの財産を相続するのかを決めなければなりません。また納税資金がない場合、どの財産を処分するのかということを決めなければなりません。

　さらに不動産が多い場合には不動産活用の提案、また遺産である金融資産運用、生命保険の活用、節税対策などの相談にのる必要もあります。ところが、概して税理士は不動産、金融資産、生命保険などは苦手です。

　税理士が相続に詳しくない理由は簡単です。相続税法を勉強していないからです。税理士になるためには会計2科目（簿記論・財務諸表論）と税法3科目の合計5科目が必要です。税法は所得税と法人税法が必須

で、その他2科目の選択になります。そし相続税法は必須科目ではなくほとんどの税理士は受験さえしていません。

　このほか税務署に23年以上勤務して税理士となった「税務署ＯＢ税理士」や「大学院を卒業すると税理士試験2科目免除を活用」して合格した税理士は、概して相続税法を勉強せず苦手としている人は多いのです。

　これに対し相続人（依頼者）は税理士が相続に詳しいかどうかを知るよしもありません。また弁護士や公認会計士の資格があれば、実務経験がなくても登録するだけで税理士になれます。当然、弁護士や公認会計士の受験科目に相続税法はありません。

相続は納税・節税・遺産分割・不動産・金融資産・生命保険の知識が必要

　相続の目標は税務だけではありません

・10か月以内に納税できるのかどうか。

・相続人同士で円満に遺産分割協議ができるのか。

・二次相続まで考えた相続プランができるのか。

・遺産である不動産活用ができるのかどうか。

・遺産である金融資産運用ができるのかどうか。

・相続税を少しでも節税できるのかどうか。

　国税庁の発表では相続財産の金額の構成比は、下図のように2017年（平成29年）現金・預貯金等31.7％、有価証券15.2％で金融資産が半分程度を占めています。土地36.5％、家屋5.4％の不動産は全体の4割程度です。年々金融資産が増加し、不動産が減少していることが分かります。

相続財産の金額の構成比の推移　2017年（平成29年）

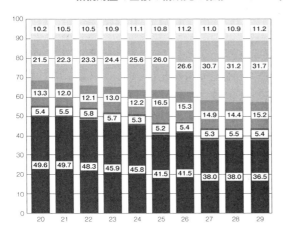

相続は相続税法の知識も必要ですが、財産である不動産の法律と規制、不動産の売却と活用、金融資産、生命保険などに関する知識も必要になります。また相続の根本にある相続人のかんじょう（勘定と感情）を理解できなければ実務としての相続対応はできないでしょう。

相続の税務において実務経験の少ない税理士と初めて相続を経験し知識も余りない相続人では、相続を目標まで持っていくことは至難の業でしょう。相続の本質は相続税を計算することではなく、将来展望を持って相続人の目標（ゴール）に到達することができるようにすることです。しかし実際に弊社の事務所に相続相談に来られるほとんどの人は一次相続を経験し、相続人が税理士のやり方に不満や疑問を持った依頼者なのです。

3つ目：税理士は不動産に弱い

平成30年（2018年）の日本人の相続財産の金額の内訳は不動産40％、現預金32％、有価証券16％、生命保険など12％です。相続では

財産の半分近くを占める不動産に関する知識が必要になります。なぜなら相続税の課税されない人でも自宅一軒の財産はあるからです。また相続税の課税される人では不動産が複数あるからです。

　1軒の自宅を兄弟姉妹でどう分けるのか、複数の不動産をどう分けるのかという遺産分割の問題は必ず発生します。ところがほとんどの税理士は遺産分割問題を避けようとするか、兄弟姉妹で土地を共有名義にすることもあります。

　土地の共有名義は絶対やってはいけないことです。なぜなら相続人の一人が土地を売りたいと思っても、もう一人の相続人が反対したら売れないからです。土地の共有名義は相続問題の先送りであり相続トラブルの原因となるからです。

　税理士がよく使う**「農地の納税猶予の特例」**があります。これは農地を引き継ぐ相続人が農業を続けるという条件で相続税の一定割合を猶予するという特例です。しかしサラリーマン経験しかない子供が相続して、税金が安くなるからという理由だけで農地を引き継いで農業をやっていけるのでしょうか。この特例を使うと農業を継続する義務も発生します。また土地活用でよい話があった場合にその話にのることもできません。

　20年間の納税猶予をして毎年全国平均で1.7％程度土地の価格が下がると仮定すると、20年間で34％下がります。その間固定資産税を支払い、その土地の草取りなどの管理費用がかかります。その土地を20年後に売却すると大損し、20年前に処分しておけばよかったことになります。

　相続の際アパート、マンション、倉庫などの賃貸不動産でまだローンが残っている場合、リフォームした方がよいのか、入居者に退去してもらって建物を取り壊した方がよいのか、或はリフォームなどをして利回りを高くして別の投資家に売却するオーナーチェンジの手法を取るのか、どういう判断をした方がよいのかアドバイスできる税理士はほとんどいないでしょう。この判断を間違えると「相続貧乏」や「相続倒産」になりかねません。

　さらに税理士で節税になるからという理由で「養子縁組」を勧める人

もいますが、筆者（後東）の経験では養子縁組して相続トラブルになった例がほとんどです。

　土地を共有名義にしたり、農地の納税猶予をして不動産活用の障害となったり、養子縁組して相続で揉めたり・・・これらは相続問題の根本的な解決策ではなく、問題を単に先送りした結果です。これらを推奨する税理士に相続対策を任せると相続人間の相続トラブルの原因になります。

　相続では税理士選びが重要になります。依頼してもよい税理士の簡単な見分け方は、月に何件相続税の試算や相続税の申告をしているのか本人に直接聞いてみることです。

4つ目：税理士は節税対策ができない

　相続税や贈与税に関する法律は度々改正が行われます。「広大地」については平成30年1月1日に改正されました。相続では不動産活用による節税や生前贈与を上手に活用することが重要です。

　例えば親が自分の自宅を2,000万円で使ってリフォームすれば2,000万円相続財産が減ります。リフォームして外観が変わらなければ固定資産税評価額は変わらず、子供はきれいにリフォームされた自宅を相続できます。尚、2,000万円の贈与税は585.5万円です。

　また親が自分のお金3,000万円で賃貸物件を建築し、その物件を子供に生前贈与するケースを考えてみます。

　建物を贈与する場合、「固定資産税評価額」で評価します。建物の固定資産税評価額は一般的に建築費用の約60％程度になります。さらに賃貸物件はそこに住む人の借家権割合30％が減額されます。

　計算式は次の通りです。

・賃貸物件の評価額＝建築資金3,000万円×60％＝1,800万円（固定資産税評価額）

　1,800万円×（1－借家権割合30％）＝1,260万円

この1,260万円を6年間で子供に贈与すれば、1年間で210万円贈与すればよく、その贈与税は10万円になります。6年間の合計贈与税は60万円です。経費は別にしても、親の3,000万円の現金を子供に60万円で贈与できることになります。

　このような節税対策は不良資産を優良資産に組み替える「資産戦略型相続対策®」でも使え、親から子供に住宅資金を贈与するよりも節税効果の大きい対策となります。この対策を実行するためには相続全体のスキームを立案し、税務と不動産の知識、物件の建築と選定、登記、贈与などが必要になります。それに親の健康状態を考えながら進める必要もあります。

5つ目：税理士は相続財産の評価ができない

　筆者（後東）が依頼された相続案件で税理士に直接依頼しなかった相続コーディネートの案件をいくつかご紹介しましょう。

　山林を評価する場合、山林を林地（土地）と立木（杉や檜）に分けて相続税の計算をします。一般の人は立木に相続税が課税されないと思っていたり、森林組合の森林簿で単純に計算すればよいと思っている人が大多数です。

　その山林の面積はゴルフ場18ホールが20カ所分あり地味級、立木度、地利級などを控除しない場合、相続税が約3億円になりました。しかし林野庁と森林組合に出向いて山林の時価評価した資料を作成してもらい、それを元に相続税を計算して税務署に提出した結果、相続税は0円になりました。

　また相続税評価額が1億円の土地を、不動産鑑定士に依頼して広大地評価を使って5,000万円に減額できました。高圧線下の土地を税理士と相続人が相続税の申告のとき現地調査したにもかかわらず、相続税の申告書に反映されていない例がありました。その後、その土地を相続税の「更正の請求」をして相続税数百万円の還付を受けたこともあります。

不動産鑑定士なら誰でも広大地判定ができるわけではなく、ほとんどの不動産鑑定士は広大地評価ができないのでこの問題を複雑にしているのです。さらに不動産鑑定士は相続税の計算ができないので、相続コーディネーター、税理士とチームを組んで相続業務を行う必要があります。

土地を評価する場合、本来法律では**「時価評価」**ですが、国税庁の通達である**「財産評価基本通達」**では、土地は路線価で評価してよいと規定されています。税務署が活用している路線価で計算すれば税務署からクレームがくることはありません。だから税理士は路線価で土地を評価するのです。

ここだけの話ですが、ほとんどの税理士は相続税の申告に際して依頼者より先に税務署と打合せをして申告書を提出しています。ウソだと思うなら、税理士に聞いてみて下さい。

美術品の場合、横山大観の掛け軸を親がバブルのときに3,000万円で購入し、相続税の申告の際税理士が3,000万円で申告した人がありました。この掛け軸を専門家に鑑定依頼したら150万円でした。この場合相続税の申告をして5年以内であったので、「更正の請求」をして2,850万円の相続税評価額を減額して相続税の還付を受けることができました。

これらの山林、不動産、美術品、骨董品など特別な例であるかもしれませんが、財産評価は税理士に依頼しない方が得策であると思います。税理士には財産評価ではなく相続税の計算だけを依頼した方がよいでしょう。相続では顧問税理士を断る勇気も必要です。

6つ目：税理士は依頼者の味方ではない理由

「税理士は一体誰の味方だ」という話を聞くことがあります。税理士は結論から申し上げると税務署の味方です。その根拠は税理士法にあります。

税理士法第1条は税理士の使命について次のように規定しています。

「税理士は、税務に関する専門家として、独立した公正な立場において**"申告納税制度"**の理念にそって、納税義務者の信頼にこたえ、租税に関

する法令に規定された"**納税義務の適正な実現**"を図ることを使命とする。」と書いてあります。

「申告納税制度」とは納税者自らが税金の申告をするものです。つまり自分でするものであって税理士にしてもらうものではないという意味です。

また「納税義務の適正な実現」とは税理士は納税者の税金の計算をし、税務署に納税させることが仕事なのです。従って節税対策を考えたり、遺産分割のアドバイスをすることが税理士の仕事ではありません。つまり相続対策のアドバイスを税理士から受けようとするのは無理だということです。

もっと具体的に申し上げると、確定申告の時期に税理士が無料相談を様々な場所で行っています。これは税理士会から派遣されているわけでも、税理士のボランティアでもありません。税務署からの要請で税理士が行っているのです。その証拠に税務署から指定された担当日を欠席する場合は、税理士が他の税理士に依頼しなければなりません。

7つ目：税理士は二次相続対策まで考えない

相続税の申告の際、二次相続までを考えた相続プランを作成することが大切です。ほとんどの税理士は一次相続だけを見て「配偶者の税額軽減」や「小規模宅地等の評価減の特例」を最大限使って税金を少なくしよう、自分の出番を作ろうと考えているようです。

一般の方は、相続対策は節税対策であるという誤解をしていますが、現在の税法では節税対策はほとんど封じ込められてしまいました。例えば一般の方がよく誤解している節税対策には、「配偶者の税額軽減」の1億6,000万円の非課税枠、「贈与税の配偶者控除」の2,000万円の非課税枠、「相続時精算課税制度」の2,500万円があります。これらの制度は使い方によっては節税どころか多額の相続税の増税になることもあります。

例えば夫が亡くなったときに妻に「配偶者の税額軽減」を最大限適用

すると、妻の相続財産が増え子供が相続するときに相続税が多くかかり納税資金に困ることもあります。夫が亡くなったときに妻に財産をどう相続させ、そこから次の世代の子供が相続する二次相続まで考えた相続プランを複数考えて提案することが大切です。

　相続では税理士の能力も必要ですが、相続人の判断力も試されます。最終的に誰に依頼するかを決めるのは相続人だからです。

8つ目：税理士は遺産分割対策ができない

　遺産分割協議書を作成する場合、行政書士が行います。相続登記がある場合、司法書士が不動産登記と併せて遺産分割協議書を作成したりします。遺産分割について紛争が生じ調停や裁判が必要と判断される場合には弁護士が手続きをします。しかし紛争がない場合でも弁護士が手続きする場合もあります。

　このように遺産分割の書類作成において業務分野は重なっています。そもそも遺産分割は遺言書がない場合、相続人同士の話し合いによって決まります。話し合いによって決まったことを書類にする仕事が行政書士や司法書士です。

　しかし最大の問題は遺産分割には決められたルールがなく、分割の方法を法律面、税務面、財産面（不動産など）、また相続人のかんじょう（感情と勘定）面を考えて具体的なアドバイスができる税理士がいないことです。

　遺産分割のときに相続人の話をよく聞いてアドバイスしたり、意見調整をして遺産分割協議ができるように努力する税理士はほとんどいないでしょう。

　遺産分割協議がまとまらず申告期限が来たらとりあえず未分割で申告すると財産は共有名義になります。遺産分割協議書が作成できないと、その先の税制優遇措置を使った節税対策はできません。代表的な優遇税制に「配偶者の税額軽減」を使った１億6,000万円または法定相続分の

190

非課税枠があります。また「小規模宅地等の評価減の特例」を使った自宅の330㎡が80％減額できる非課税枠があります。

相続税が課税されない人の場合、まず預貯金だけ法定相続分で遺産分割し、不動産（自宅など）だけを未分割にして共有名義という形にしておく人も見受けられます。未分割で財産を共有名義のままにしておくと、将来相続人同士の関係はよくならず益々悪化するでしょう。

9つ目：税理士は不良資産を優良資産にできない

不良資産を優良資産に組み替える最大のチャンスは相続のときです。なぜなら相続税の一部を財産の取得費に加算して節税することできる「取得費加算の特例」が利用できるからです。

この特例は相続財産を相続税の提出期限の翌日以後、3年以内に売却した場合には、譲渡所得を計算する際、取得費に相続税の一部を加算することができる制度です。つまり不動産などの売却時の税金を少なくできるのです。

今の時代そのまま放置しておくと価格の下がるものには不動産、ゴルフ会員権、老朽アパートやマンション、別荘などです。

売却すべき不良資産には次のものがあります。

・山林
・原野
・利用できないゴルフ会員権
・別荘
・貸宅地（底地）
・共有名義の不動産
・老朽アパート、マンション、貸家
・古ビル
・旧耐震の分譲中古マンション
・活用しない農地

・不整形地

・空き家

・塩漬けになっている不動産など

　先祖伝来の悪い「土地」に執着するのではなく、先祖伝来の「資産」を守り増やす「資産戦略型相続対策®」を実行し、資産の組み替えをすることが大切です。税理士には相続をビジネス的な視点でとらえ、どの資産をどう活用したらよいのかというアドバイスは期待できないでしょう。

　「税理士は相続人より相続のことを知らない」ということをよく認識して依頼する必要があります。

相続対策の税理士選びで成功する方法

・**税理士は相続対策のプロではないので、相続対策は相続の専門家のプロジェクトチームで対応すること。**

・相続対策では相続人は税理士に「何を」依頼し、自分が「どんな相続ビジョンを確立したいのか」を明確にする必要があります。

・「税理士は経営者より経営を知らない」と同じように「税理士は相続人より相続を知らない」と認識すべきです。

・相続対策では顧問税理士を断る勇気が大切です。

・相続対策では不良資産を優良資産に組み替えできる、税理士選びが重要です。

・相続対策では先祖伝来の地価が徐々に下落する「負動産」や売却困難な「腐動産」に執着するのではなく、先祖伝来の悪い土地を「富動産」に組み替えることができる税理士を選ぶことが大切である。

「相続対策では孫を養子にする とよい」の間違い
―大富豪から学ぶ相続対策の教訓―

大富豪から学ぶ相続対策の教訓

　日本にはかつて「高額納税者制度」があり、高額納税者の氏名や申告所得額、納税額などが公にされました。この公示は所得税、法人税、相続税について行われていましたが、2006年に廃止されました。今回は明確な数字が公表されている2006年までの相続対策について考えてみたいと思います。

ブリヂストン石橋幹一郎さんの相続

　石橋幹一郎さんはブリヂストンの創業者石橋正二郎さんの長男で、ブリヂストンの二代目社長です。石橋幹一郎さんは1997年（平成9年）6月、77歳で亡くなり、遺産総額は1,646億円ありました。この相続税が1,135億円でした。実に約七割が相続税に消えたことになります。

　この相続税は石橋幹一郎さんの相続人である長男、長女、次女の3名によって納税されました。尚、石橋幹一郎さんの妹が鳩山由紀夫元総理の母親である鳩山安子さんです。遺産の大半はブリヂストンとその関連企業の株式などの有価証券でした。

パナソニック松下幸之助さんの相続

　1989年（平成元年）4月、94歳で亡くなった松下幸之助さんの遺産

193

総額は2,450億円で相続税は854億円でした。遺産の97.5％が松下グループの株式で、時価2,387億円相当でした。約35％が相続税で消えたことになります。

　相続人は妻のむめさん（93歳）、長女の幸子さん（68歳）、娘婿の正治さん（77歳）と認知した非嫡出子4人の合計7人でした。妻のむめさんは遺産の半分の1,225億円を相続しましたが相続税は0円でした。残りの6人に相続税854億円が課税され、相続税の支払いのため、松下グループに株を約930億円で売却し全額納税しました。

大正製薬上原正吉さんの相続

　大正製薬上原正吉さんは1983年（昭和58年）に亡くなり、遺産699億円を妻の小枝さんと子供の上原昭二さんが半分ずつ相続しました。このとき妻の小枝さんの相続税は0円でした。

武田薬品工業社長夫人武田繁子さんの相続

　1999年（平成11年）11月に亡くなった武田薬品工業夫人の武田繁子さんの遺産総額は240億円で相続税は160億円でした。遺産が増加した原因は夫で武田薬品工業社長でもあった武田鋭太郎さんが亡くなった際に多額の遺産を相続しましたが、生前贈与せずそのまま遺産となったからです。約7割が相続税の支払いに消えました。遺産の大半は武田薬品工業の株で武田國男さんら2名の子供と孫3人が相続しました。

松下幸之助・上原正吉さんから学ぶ相続対策の教訓

自己株式の買取り資金対策

　松下幸之助さんが亡くなったとき、相続税854億円という多額にも関わらず相続税を全額納税できました。その理由は遺産の97.5％がパナソニックグループの株式で、時価総額2,387億円保有していたからです。相続人は約930億円で同グループに売却し、相続税を納付できたのです。

大正製薬の上原正吉さんやブリヂストンの石橋幹一郎さんなどのように上場企業の株式が遺産の場合、換金性があります。またそのまま保有していても安全性や収益性に問題もありません。しかし中小企業の自己株式は基本的に換金性はなく、同じようなやり方は真似できません。従って自己株式にかかる相続税を現金で一括納付しなければなりません。

　中小企業の事業承継税制で「80％納税猶予制度」があります。これは一定の要件を満たせば、発行済株式総数の３分の２まで、自己株式にかかる相続税や贈与税を免除する制度です。しかしながらこの制度を適用している中小企業は実際には多くありません。後継者が死ぬまで自己株式を保有し続けなければならないなど厳しい条件があるからです。

　中小企業においては、いつ相続が発生しても相続税を支払う仕組みを作っておく必要があります。そこで会社で自己株式を買い取れば、現金が相続人に入り相続税の納税は容易になります。そのための自己株式を買い取る財源は生命保険が最適です。

配偶者の税額軽減

　松下幸之助さんの妻むめさんは1,225億円、上原正吉さんの妻小枝さんは334億円の遺産を相続したにも関わらず相続税は０円でした。しかし石橋幹一郎さんや武田繁子さんの場合は、遺産の約７割が相続税に消えてしまいました。

　一体なぜ、このような相続税額に大きな差が付いたのでしょうか？その理由は松下幸之助さんの妻むめさんと上原正吉さんの妻小枝さんは「配偶者の税額軽減」を適用できたからです。

「配偶者の税額軽減」とは、配偶者が相続により取得した財産の額が次の金額のＡとＢどちらかが多い金額まで相続税は課税されないという制度です。

　Ａ：1億6,000万円

　Ｂ：配偶者の法定相続分相当額

　つまり遺産のうち少なくとも1億6,000万円以下については、相続税は課税されません。また配偶者が取得した財産が法定相続分（半分）以

下なら、取得額はいくら多くても相続税は課税されません。つまりむめさんと小枝さんの場合、夫の遺産の２分の１を相続したので相続税が０円になったのです。

　この制度がある理由は、夫婦はお互いに財産を作るために妻も大きな役割を果たしているためです。また夫婦は同世代であるため、短期間で相続が２回発生すると、もう一度同じ財産に相続税がかかることになってしまうため、それを避ける目的からです。

　但し、この制度を使う場合、原則相続税の申告期限（10か月）までに、相続人間で遺産分割が確定していることが条件です。

孫への生前贈与（隔世贈与）

　松下幸之助さんの死後４年後、妻のむめさんが1993年（平成５年）９月、97歳で亡くなりました。わずか４年の間に1989年（平成元年）840億円、1990年（平成2年）に245億円を孫ら４人に生前贈与しました。また25億円も寄付されました。孫ら４人に２年間で1,085億円生前贈与し、贈与税額は約760億円（70％）という巨額でした。

　上原正吉さんの死後、妻の小枝さんは1996年（平成8年）87歳で亡くなりました。その間、孫２人とひ孫３人の合計５人に約116億円を生前贈与しました。また子供の昭二さんも1998年（平成10年）に所有する168億円相当の大正製薬の株式約600万株を、大学生の孫３人に生前贈与しました。

　この当時の相続税、贈与税とも最高税率は70％でした。ちなみに現在の相続税と贈与税の最高税率は55％です。むめさんも小枝さんの場合も、孫に生前贈与したことが節税対策となりました。

　２人とも何もしないでそのまま相続が発生したら、子供、孫へと２回70％の相続税を支払うことになりました。２回の相続で相続財産の91％が相続税に消えてしまうことになります。

　松下幸之助さんの妻の場合の91％相続税の計算式は次の通りです。
　・子供の相続税
　　遺産1,225億円×70％（相続税）＝857.5億円・・孫へ遺産367.5

億円

・孫の相続税

　遺産367.5億円×70%（相続税）＝257.2億円

・遺産1,225億円から子供と孫の相続税70%の合計金額1114.7億円
　を引くと、110.3億円（9%）しか相続財産が残りません。

　孫への贈与は相続税の税率と同じでも、子供の相続を１回飛ばして相
続財産を承継できたわけですから、税率70%の１回だけで抑えられ、
相続対策に成功したといえるでしょう。

　親から孫へ行う生前贈与を「隔世贈与」といいます。子供も世代を１
回飛び越すため、孫へ財産が渡るまでの税負担が少なくなります。但し、
孫が未成年者の場合、生前贈与を否認されないためには、父母が親権者
として贈与契約書に署名したり、代理人として財産を管理する必要があ
ります。

相続対策では孫を養子にしない方がよい

相続開始前３年以内の生前贈与加算

　相続税の計算には、「相続開始前３年以内の生前贈与加算」がありま
す。この制度は相続や贈与によって財産をもらった人が、相続開始３年
以内に亡くなった人から贈与を受けていたとき、110万円以下であって
も相続財産に加算して、相続税を課税し直さなければならないという規
定です。

　これは相続が近くなってから、相続税を少しでも安くしようと相続税
を回避するために多くの財産を贈与する行為を防止するためです。ここ
で考えて欲しいことは、相続や遺贈により財産をもらわない人について
はこの規定は適用されません。ということは相続人でない孫、長男の嫁、
長女の婿については、この生前贈与加算の規定は適用されず、相続税は
課税されず贈与税のみで完結します。

　生前贈与加算の規定があるため、相続発生が近い場合は相続人である

子供や養子縁組した孫への生前贈与は効果が望めません。また孫を養子にすると、その分他の子供の相続分が減ってしまうので、相続トラブルの原因になる可能性があります。

　節税対策で孫を養子縁組しなければ、相続開始直前まで生前贈与できるメリットがあります。相続はいつ開始するのか分からないので、一代飛び越して養子縁組しない孫へ「隔世贈与」することも有効な方法になります。つまり相続対策では孫を養子にしない方がよいのです。

　相続税は配偶者や子供、父母以外の者が遺言などによる遺贈により財産を取得した場合、相続税が２割増しになる「相続税の２割加算」の規定があります。孫を養子縁組すれば相続税は20％加算になります。しかし贈与税にはそのような２割加算の規定はありません。長男の嫁、長女の婿、孫など法定相続人以外の人に対して同じ税率で贈与することができます。

　従って松下幸之助さんの妻むめさんや上原正吉さんの妻小枝さんのように、孫や親族など相続人以外への生前贈与や「隔世贈与」は非常に有利な相続対策（節税対策）となります。いずれにしても相続対策の節税や納税の準備は、なるべく早く、時間をかけて、生前贈与を始めた方が有利になります。

養子がいる場合の法定相続人の数

　被相続人（亡くなった人）に実子がいる場合は「法定相続人の数」に含められる養子の数は１人だけです。

　被相続人（亡くなった人）に実子がいない場合は「法定相続人の数」に含められる養子の数は２人だけです。例えば相続人が実子１人、養子３人の場合には、相続人の数は４人ですが、相続税法上の「法定相続人の数」は２人となります

　相続税法では法定相続人の数は、相続放棄した人がいても、その放棄がなかったものとした場合の数をいいます。これらの相続税法上の規定は、民法上の養子の取り扱いとは全く関係ありません。相続税の計算上、養子の数を増やすことによる行き過ぎた相続税の節税対策に歯止めをか

けるためです。

養子縁組は遺産分割で揉める理由

　養子を増やす節税対策は、最も簡単で手っとり早い方法ですが、相続争いに発展することもあります。

　養子を増やすとその分他の子供の相続分が減ってしまうので揉め事の原因となります。具体的には子供２人の相続人の場合、２分の１ずつ相続できますが、養子を１人増やせば３分の１の相続割合になり減ってしまいます。

　また養子を増やすと遺留分という民法上の権利取得者が増えるので、他の相続人の合意なしで実施すると相続トラブルに発展することがあります。

　例えば被相続人父親、相続人長男と長女、長男の嫁（養子）のケースを考えてみます。

　父親が単なる節税対策で長男の嫁と養子縁組をすると、長男は養子（嫁）の分も含めて法定相続割合で分けようと主張します。ところが長女は養子にしたのは相続税を少なくする節税対策で財産を相続させるためではないと考えます。この場合、公正証書遺言がない限り法律的には長男が正しいのです。

　長男の嫁を養子にしたが、長男夫婦が離婚調停中に相続が発生し相続トラブルに発展したケースがあります。また相続税の節税対策で、長男の子（孫）を養子にしたら、相続の際、養子が法定相続分を主張して相続トラブルに発展したケースもあります。

　養子縁組の本来の目的は墓や仏壇を守り祭祀を承継するためであり、また養子が一家の中心となって家を守ることにあります。相続対策の順番は第１に遺産分割対策、第２に高齢者の財産管理対策、第３に「腐動産」対策、第４に納税資金の確保、第５に節税対策が鉄則です。

　相続対策で養子縁組を考えている人は、なぜ養子縁組をしなければならないのか？何を養子に相続させたいのか？養子縁組を相続人全員が賛同するのか？将来、養子縁組した相続人が離婚することになった場合、

どう対応するのか？などを考えてから実行していただきたい。

相続対策で成功する方法

・**相続対策では孫を養子にしなければ、生前贈与加算の適用がないの**
で、相続開始直前まで生前贈与できるメリットがある。

　単なる節税対策のためだけの養子縁組は、遺産分割で揉めることが多いのでやめた方がよい。

　相続対策や節税対策を考える場合、孫への隔世贈与、生前贈与加算が適用されないこと、遺産分割などをよく考えてから養子縁組は判断する必要があります。

　相続対策は養子縁組よりも公正証書遺言で対応した方がよい場合が多くあります。なぜなら養子縁組は一度養子縁組をしたら、一方的に解消することはできません。しかし公正証書遺言は個人単独の意思表示で変更や解消が簡単にできるからです。

「相続対策で成功する資産戦略型相続対策とは何か」

―「腐動産」を「富動産」に組み替える相続対策プランの作り方―

資産戦略型相続対策® とは何か

「資産戦略型相続対策®」は思考が違う

　筆者（後東）の経験からいうと、相続対策で成功するためには、まず本人（親）と子供（相続人）の「思考」を変えなければなりません。「思考」を変えなければ「行動」は変わりません。「行動」を変えなければ「結果」は変わりません。

　このことはビジネスにおいても家庭においても証明されています。つまり相続関係者が従来の節税対策中心の「節税型相続対策」から、総合的に資産を構築する「資産戦略型相続対策®」へと「思考」を変える必要があるのです。

　資産戦略型の思考を持つと、「資産戦略型相続対策®」の行動をするようになり、相続対策で成功できるようになります。そして不動産バブル以降、人口減少により毎年約1.7％ずつ継続して下落している土地の価値をさらに下げる、従来の借金してアパート・マンションを建築する「節税型相続対策」は、これからの時代に対応できないことが理解できます。

　従来の節税対策中心の「節税型相続対策」と資産を守り増やす「資産戦略型相続対策®」の大きな違いは相続ビジョン（目標）があるのかないかです。本来、自分のあるべき相続の姿、こうなりたい相続の将来ビジョンがあれば、そのプランを作成して実行するのが相続対策です。

「資産戦略型相続対策®」には相続ビジョンがある

　将来の相続のあるべき姿が描けていない人や家庭では、何が正しく、何が間違っているのか、何をすべきかさえ判断できません。だから相続対策で失敗したり、従来の「節税型相続対策」を皆がやっているから、という安直な理由で受け入れてしまうのです。

　相続コーディネーターの業務は「自分がどうしたいか」ではなく、「相続関係者（親・子供）がどうしたいのか、どのような相続にしたいのか」がすべてです。相手の考え方に沿って相続コーディネートします。しかし相手の相続ビジョンが明確でなければ相続対策はできません。

　従来の「節税型相続対策」には「ただ節税をすればよい」というだけの発想しかなく、明確な相続ビジョンが本人にありません。建築業者（ハウスメーカー）や不動産業者の建てさせて儲ける仕事、銀行が融資して儲ける仕事を受け入れているだけにすぎないのです。

　例えば、老朽アパートの問題を考えてみます。老朽化したアパートは解体するか、或は建て替えるかします。ところが「節税型相続対策」で行ったアパートは、減価償却がなくなってもその建物にお金をかけてリフォームすることを考えます。つまり老朽賃貸物件に目先の延命治療を施し、問題を先送りして根本的な解決策を考えていないのです。

　その後、老朽賃貸物件は終わりを迎えます。そのとき入居者の立退き費用と立退き交渉、建物解体費用の問題が必ず発生します。その問題を抱えるのは、相続対策をした親ではなく、相続人である子供です。

　その先にあるのは、相続人に老朽アパートと借金を相続させることです。そしてお金が少なくなり、他の相続人に渡す遺産分割資金や相続税の納税資金が不足して困ることもあります。

　ところが、「資産戦略型相続対策®」には相続ビジョンがあります。つまり「誰に」、「何を」、「どのように相続させる」のかが明確なのです。そのための円満相続を考え、公正証書遺言と生前4点契約書を作成することもあります。相続対策は第一に遺産分割対策、第二に財産管理対策、第三に「腐動産」対策、第四に納税資金対策、第五に節税対策の順番で

行うと上手くいきます。

「資産戦略型相続対策®」では老朽アパート、マンション、貸宅地(底地)、古ビル、共有名義の土地、利用されていない遊休地、収益性の低い駐車場、不整形地などの「負動産」や「腐動産」を売却し、時代に合った総合的な資産の組み替えを行い守り増やすことを考えます。

過去に相続のお手伝いをしたときに、次のようなことがありました。バブルのとき東海地区の名門ゴルフ場会員権Wを1億6,000万円で購入依頼があったとき、本人はゴルフをしないにも関わらず、ご先祖が購入したものだからといって売却せず、相続のときに1,300万円で売却され納税資金にされた人がいます。

このようなとき「資産戦略型相続対策®」の考え方は1億6,000万円で売却して、そのお金を金融資産で増やしたり、或は駅に近い一等地のマンションに組み替えて資産を増やすことを考えます。また相続税の納税資金として一部を残して置くことも考えます。

「節税型相続対策」の考え方は、先祖伝来の土地を守ることに執着するので、相続までゴルフ会員権を売却することは考えません。しかしご先祖様も1億6,000万円で売却して資産を増加させたらさぞお喜びでしょう。また売却した本人は自分の老後生活も豊かになり、現金が増えて遺産分割もしやすくなり、納税資金の確保も容易にできるでしょう。

節税型相続対策と「資産戦略型相続対策®」の比較

節税型相続対策 10 の考え方	「資産戦略型相続対策®」10 の考え方
①相続ビジョンがない "成り行き相続"	①相続ビジョンがある "戦略相続"
②先祖伝来の "土地" を守ることに単に執着する。	②先祖伝来の "資産" を守り増やすことに執着する。
③先祖伝来の「負動産」や「腐動産」を守ることを考える。	③先祖伝来の「負動産」や「腐動産」を売却し、「富動産」に組み替えて守り増やす方法を考える。

④老朽アパートなどの「負動産」を"リフォームして「腐動産"として子供に相続させる。	④老朽アパートなどの「負動産」を"売却して「富動産」"に組み替えてから子供に相続させる。
⑤節税対策では親が"先祖伝来の土地に建てて節税"することを考える。	⑤節税対策では"相続税評価額を減額してから子供に生前贈与"することを考える。
⑥遺産分割対策や納税資金対策を"節税対策の後"に考える。	⑥"節税対策と同時に"遺産分割対策や納税資金対策を考える。
⑦相続対策で"借金はトクだ"と考え、『30年一括借り上げ』はトクする"と考える。	⑦相続対策で"借金はトクしない"と考え、『30年一括借り上げ』は損する"と考える
⑧相続対策は相続人間の"遺産分割対策が重要"と考えない。	⑧相続対策は相続人間の"遺産分割対策が重要"と考える。
⑨相続対策は節税対策、納税資金の確保、遺産分割対策の"3つある"と考える。	⑨相続対策は、遺産分割対策、財産管理対策、「腐動産」対策、納税資金対策、節税対策"5つある"と考える。
⑩『土地持ち死産家®』への近道を歩む	⑩"土地持ち資産家"への近道を歩む

「腐動産」を「富動産」に組み替える「資産戦略型相続対策®」

「腐動産」を「富動産」に組み替える

　相続対策の順番は第1に遺産分割対策、第2に高齢者の財産管理対策、第3に「腐動産」対策、第4に納税資金対策、第5に節税対策です。ところがこの順番で実行すると時間がかかり、遺産分割対策を優先すると節税対策がしにくくなることがあります。また節税対策を優先して1棟のアパートやマンションを建築すると納税資金が不足したり、相続人間の遺産分割がしにくくなることがあります。

　相続対策を同時に早く実行するには、「負動産」や「腐動産」を売却して、「富動産」に組み替えることです。具体的には自分の土地に戸建

賃貸を建築したり、大都市圏の区分マンションや1棟の築古アパート、区分マンションを購入することです。

「富動産」とはお金を稼ぐことができ（収益性）、いつでも売却でき（換金性）、相続税の安い（節税力）不動産のことを言います。

「負動産」や「腐動産」の具体的な例は下記の通り多数あります。

・旧耐震の建物や築30年以上の修繕費のかかる老朽アパート・マンション・古ビル・貸家など。

・地価の下落の大きい大都市郊外や地方都市の土地。

・賃料は下がっているのに相続税や固定資産税が高く、維持管理費がかるアパート・マンション・古ビル・貸家など。

・他人に貸している低収益な貸宅地（底地）

・違法建築となっているビル

・崖地・高圧線下の土地・無道路地・古いガソリンスタンドの土地など。

・4m道路に接していない土地

・山林・別荘・原野・田・畑・農地・など多数。

「腐動産」の典型は崖地と貸宅地（底地）

　時価より相続税評価が非常に高いのは崖地と貸宅地（底地）です。これらの土地は買い手がいない場合が多く、売却できても二束三文でしょう。崖地の造成には莫大な費用がかかるので、買い手は相場（時価）より安く仕入れないと採算が取れません。しかし相続税評価は時価よりも高くなります。

　また貸宅地（底地）も同じことがいえます。貸宅地とは地主が第三者（借地人）に土地を貸して、借地人の建物が建っている土地のことです。いわゆる底地が地主の権利となっている土地のことです。

　定期借地権以外の場合、何十年も前から貸している土地は、地主の都合で簡単に借地人を追い出すことはできません。借地人に「借地権」という強力な権利があるからです。

　平成4年に借地借家法が改正されましたが、改正前の「旧法の借地権」が適用される土地が大半です。

「旧法の借地権」は自分の土地でありながら自分の土地でないという状態です。しかし相続税評価はそれなりに高いが、地代収入は安いのが現

貸宅地（底地）

借地権
底　地

資産の組み替えイメージ

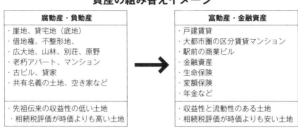

腐動産・負動産	富動産・金融資産
・崖地、貸宅地（底地） ・借地権、不整形地、 ・広大地、山林、別荘、原野 ・老朽アパート、マンション ・古ビル、貸家 ・共有名義の土地、空き家など	・戸建賃貸 ・大都市圏の区分賃貸マンション ・駅前の商業ビル ・金融資産 ・生命保険 ・変額保険 ・年金など
・先祖伝来の収益性の低い土地 ・相続税評価が時価よりも高い土地	・収益性と流動性のある土地 ・相続税評価が時価よりも安い土地

状です。

「負動産」と「腐動産」を組み替えて
「土地持ち資産家」になる方法

　相続対策の土地活用というと節税対策で借金をして、先祖伝来の自分の遊休地にアパートやマンションを建てる「節税型相続対策」がほとんどでした。この方法は「土地持ち死産家®」になる近道であると思います。その理由は次の通りです。

　これからの不動産は人口減少、地価下落、少子高齢化、空き家急増の4重苦の状況の中で、不動産は4つに分類されるからです。地価が上昇する土地(富動産)、地価を維持できる土地（不動産）、毎年地価を下げ続ける土地（負動産）、売却困難な土地やマイナスの価値しかない（腐動産）の4つです。

　土地の価値を維持できるのは東京・大阪・名古屋などの三大都市圏や

地方中枢都市の一部の不動産だけになるでしょう。日本中の大半の地方都市や大都市郊外の土地は毎年価格を下げ続け、東北、北陸、近畿地方南部、山陰、四国、九州地方などでは売れなくなる土地（腐動産）が増加するでしょう。

　従ってこれからの相続対策は「負動産」や「腐動産」を売却して「富動産」へ組み替えを行う「資産戦略型相続対策®」を実行する時代になります。つまり土地の価値を維持できる土地に組み替えることです。「土地持ち資産家」になるためには、地方都市の郊外の土地の広さや数を自慢しても意味はなく、収益を生む不動産をどれだけ保有しているのかどうかで決まります。郊外の収益を生まない土地は早く処分して、駅前や大都市圏の収益を生む不動産にしなければ早晩「土地持ち死産家®」になっていくでしょう。

　先祖伝来の土地は動かすことができません。従ってその土地にしがみつくのでなく、賃貸事業に適さない土地であれば、その土地を売却して収益を生む「富動産」に組み替える発想の転換が必要なのです。

　先祖伝来の土地を売ることに抵抗があるかもしれません。また先祖の土地を守っていくことが相続だと考える地主が多いことも事実です。

　しかしよく考えてください。例えば富士フィルムがフィルム事業に固執し、化粧品事業などへ転換していなければ、米国のコダック社のように倒産していたでしょう。日本酒メーカーの旭酒造が従来の日本酒事業にこだわり、"獺祭"に発想を転換しなければ、間違いなく倒産していたでしょう。

　相続対策で一番重要なことは、ビジネスと同じように時代の流れに合った発想を転換して柔軟に対応することなのです。これが先祖伝来の我が家の財産を相続継承できるコツなのです。

　先祖伝来の土地をただ単に守るだけでは一代で相続財産は消滅し、本当の意味での相続対策にはなりません。「負動産」や「腐動産」を「富動産」に組み替えて資産が維持でき増加すれば、本人も嬉しいし子孫も繁栄できます。それ以上にご先祖様もさぞ大喜びするでしょう。

相続対策で成功する方法

　先祖伝来の土地である「負動産」や「腐動産」を「富動産」や金融資産に組み替える「資産戦略型相続対策®」がこれからの時代には必要。

　従来の先祖伝来の土地を守るために借金してアパート、マンションを建築する「節税型相続対策」はもはや時代遅れです。「土地持ち死産家®」にならず、「土地持ち資産家」になる近道は、「資産戦略型相続対策®」を実行することです。

「資産戦略型相続対策の順番と鉄則」
―相続対策には６つの順番と鉄則がある―

資産戦略型相続対策６つの順番と鉄則

　まず、相続対策で最初に行うべきことは相続ビジョンの確立です。建築会社や不動産業者などによる「成り行き相続対策」ではなく、あなた自身の「資産戦略型相続対策®」を立案することです。相続対策の順番は次のようになります。

第１段階：相続ビジョンの確立・・・「誰に」「何を」「どのように」相続させるのかを決める。・建築会社などによる「成り行き相続対策」ではなく、正確な思考と行動による「資産戦略相続対策®」を考える。

第２段階：遺産分割対策・・・・・・公正証書遺言の作成・公正証書遺言の作成により「誰に」「何を」が決まる。

第３段階：財産管理対策・・・・・・生前契約書の作成・高齢期の親の財産管理や病気、介護、認知症などの療養看護に対応できるようにする。・例：「生前４点契約書®」の作成

第４段階：「腐動産」対策・・・・・「腐動産」の処分・「どのように」

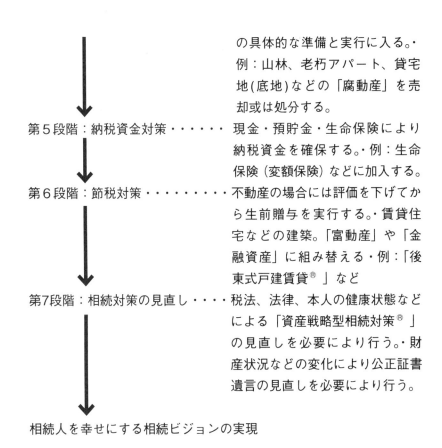

の具体的な準備と実行に入る。・
例：山林、老朽アパート、貸宅
地(底地)などの「腐動産」を売
却或は処分する。

第5段階：納税資金対策・・・・・ 現金・預貯金・生命保険により
納税資金を確保する。・例：生命
保険（変額保険）などに加入する。

第6段階：節税対策・・・・・・・・不動産の場合には評価を下げてか
ら生前贈与を実行する。・賃貸住
宅などの建築。「富動産」や「金
融資産」に組み替える・例：「後
東式戸建賃貸®」など

第7段階：相続対策の見直し・・・・税法、法律、本人の健康状態など
による「資産戦略型相続対策®」
の見直しを必要により行う。・財
産状況などの変化により公正証書
遺言の見直しを必要により行う。

相続人を幸せにする相続ビジョンの実現

第1段階：相続ビジョンの確立

1、「誰に」「何を」相続させるのか

「資産戦略型相続対策®」には6つの順番と鉄則があります。6つの
順番とは、第1段階：相続ビジョンの確立、第2段階：遺産分割対策、
第3段階：財産管理対策、第4段階：「腐動産」対策、第5段階：納税
資金対策、第6段階：節税対策です。

「資産戦略型相続対策®」で最も重要なのが、正確な相続ビジョンの
確立です。「誰に」「何を」「どのように」相続させるのかを明確にする

ことです。

　「誰に」で間違いの多いのが、公正証書遺言を作成せずに長男に財産の大部分を相続させようとすることです。亡くなる親は一般的に80歳～90歳が多く、戦前の家督相続制度と戸主権の考え方が根強く残っているからです。

　実際の相談からも分かることは、中小企業、自営業者、土地持ち資産家などの相続では今でも家督相続に近い考え方があります。また日本の地域によっても傾向があり、九州地方や沖縄地域では未だにこうした考え方が強いと感じます。

　中小企業の後継者である長男に遺産のほとんどを相続させたい、先祖伝来の土地を守るために長男に遺産である土地の大半を相続させたい、自宅は長女ではなく、長男に相続させたいなどの考え方が根強くあります。

　家督相続とは、旧民法時代（明治31年から昭和22までの民法）の相続方法です。法的には戸主(家長)の法律上の地位の承継のことです。戸主権とは具体的には、家族が結婚（婚姻）する場合の同意権、家族が住む場所を指定する権利、親の意向に従わないことを理由に親子の縁を切ること（勘当：かんどう）が法律によって認められていました。

　家督とは、その「家」で営んでいる事業(家業)や財産・権利のすべてのことを呼んでいました。当時、戸主はなるべく男子が望ましいとされ、「家」に女性の子供しか生まれなかった場合は、婿養子縁組と呼ばれる結婚と養子縁組を同時に行い、将来の家督相続に備える制度も用意されていました。

　現在の相続ではあり得ないことですが、「隠居」して生前に家督を譲ることも認められていました。さらに驚きなのが、長男は「徴兵令」といわれる法律で徴兵の義務さえも免除されていました。分かりやすくいえば、家督制度とはすべての遺産を長男ひとりに相続させ、配偶者や他の兄弟姉妹は遺産を相続できない制度のことです。

　現在の相続では、被相続人(亡くなった人)の配偶者や子供である相続人が、男女、年齢の区別なく法定相続分に基づき均等に相続することが原則です。従って、相続人が複数いる場合、ほとんどの遺産を長男に

相続させることは相続トラブルの原因になります。

　葬式のとき葬儀を取り仕切る喪主は、法律上では誰が務めても構いません。ところが長男がいるのに、二男や長女が務めると、親族や参列者からは「この家はおかしい」と思われることもあります。またお墓などの祭祀を長男が承継することがよくあります。これらも家督相続の考え方の延長線上にあるといえます。

「何を」で間違いが多いのが、先祖伝来の土地を相続させたいです。その先祖伝来の土地が収益性と流動性の高い「富動産」や「不動産」であればよいのですが、毎年徐々に価格が下がる「負動産」や売却困難な「腐動産」の場合には、相続したくないと考える相続人が多くいます。

　相続させたい親と相続する子供では、土地に関する考え方に相違があります。土地は維持管理、毎年の固定資産税の支払い、草刈り費用がかかるという点が煩わしいのです。たいていの子供は、将来性のない先祖伝来の相続税評価額が1億円の「負動産・腐動産」よりも、現金・預貯金5,000万円を相続したいと考えます。

2、「どのように」相続させるのか

「誰に」「何を」相続させるのかを決めている人は多くいます。ところが「どのように」という具体的に相続開始のときに、実行できるようなレベルまで対策を考えている方は少数です。相続ビジョンで最も大切で難しいのが「どのように」相続させるのかということです。

　例えば、次のようなことがあります。

①中小企業の自社株を後継者である長男に相続させたい場合、或は土地持ち資産家で先祖伝来の土地を後継者である長男に相続させたい場合、「どのように」して他の相続人が納得できる遺産分割ができるのか。

②主な財産が1棟のマンションで複数の相続人がいる場合、「どのように」遺産分割するのか。

③主な財産がアパートやマンションの場合、「どのように」納税資金を確保するのか。

④主な財産が売却困難な土地やマイナスの価値しかない「腐動産」の場合、「どのように」して「腐動産」を処分するのか。相続税がかからない方にとっても、近い将来、高齢者タウンの自宅は「腐動産」になるからです。

⑤「多額の借入金」「30年一括借り上げ（サブリース契約）」「老朽化したアパート」の場合、「どのように」相続させるのか。なぜなら相続人で多額の借入金や空室が多く、家賃の下落した儲からない老朽化した「腐動産」を相続したい人はいないからです。

「借入金」が節税対策になるというのは100％間違いですが、多額の「借入金」はデッドクロスになり、黒字倒産の原因になります。また「30年一括借り上げ（サブリース）」は、儲からない不動産経営になるからです。

「誰に」「何を」「どのように」の３つの相続ビジョンがある場合、「資産戦略型相続対策®」は可能となりますが。しかし相続ビジョンがない場合には、「成り行き相続対策」になります。相続ビジョンがあり、それが現状と異なれば、道筋をつけて相続対策を実行するだけです。そしてロードマップを立案して相続スキームをアドバイスするのが「相続コーディネーター」の役割です。

「相続ビジョン」がない人は、何が正しく、何が間違っているのかさえも判断できません。だから相続対策が上手くいかず「成り行き相続対策」になるのです。

3、相続ビジョンの確立に必要な「正確な思考と行動」

相続ビジョンがあっても、相続ビジョンそれ自体が間違っている人がいます。価値観の違いでも、立場の違いでもありません。ほとんどの場合、法律、税法、不動産などの基礎知識の欠如が原因で、建築会社や不動産業者、金融機関に言われるままの「成り行き相続対策」を実行したことが原因です。或は個人で多額の借入れを行い、賃貸物件を建築して「節税型相続対策」を行ったことが原因です。相続ビジョンの確立には、「正確な思考と行動」が必要になります。

戦前からの山林王で上場会社のオーナーの方の相続対策を行ったとき
の話です。相続人が先祖伝来の山林や数多く所有する土地を維持管理す
るために従業員を雇い、その山林の土地の多額の固定資産税や相続税を
支払うために複数棟のアパート経営などを行っている方でした。

　相続税の申告前に本人の話では数億円の相続税が課税されると思われ
ましたが、相続税の申告のとき、その山林や土地にはほとんど相続税は
課税されませんでした。<u>ゴルフ場18ホールが20カ所分取れる名古屋市
の面積よりも広大な山林は、「時価評価」して相続税０円で申告しまし
た。また他の土地は「広大地適用」などで相続税を半分以下に大幅に減
額できました。</u>

　この事実は何を意味するのか？ご本人が莫大な価値のあると思ってい
た山林がマイナスの価値しかない財産であったこと、土地が売却困難な
「腐動産」であったという事実です。

　同じように祖父の代からの土地持ち資産家で、父親の相続のとき多額
の相続税が課税された方がありました。そして今度は自分が相続するの
で相続税の試算をして欲しいという依頼がありました。このとき分かっ
たことは、複数の土地が売却困難な土地或はマイナスの価値しかない土
地であることでした。

　ところがこの「腐動産」にも多額の相続税が課税されるという大問題
でした。バブル崩壊以降、自分の所有する土地の価格が急落し住宅需要
が無くなったことに気づいてなかったという事実です。

　また父親の代から日本を代表する画家の美術品や骨董品を数多く所有
している方がいました。父親の多額の相続税申告後、母親の二次相続対
策の依頼がありました。二次相続対策で分かったことは、ほとんどの美
術品や骨董品は価値のない贋作やバブル以降人気が凋落した作家の作品
でした。問題は税理士がそれらの美術品や骨董品を鑑定評価せず、購入
価格で多額の相続税を既に申告していたことでした。

　これらの話には、４つの相続対策の教訓があります。

　<u>１つ目は、先祖伝来の山林や土地、美術品、骨董品などの売却困難な
土地、或はマイナスの価値しかない山林や美術品である「腐動産」を守</u>

ろうとしたことです。

２つ目は、その売却困難な土地、或はマイナスの価値しかない山林などである「腐動産」に維持管理費や固定資産税を毎年支払い、多額の相続税を支払っていたことです。

３つ目は、株式と同様に時代によって山林、土地、美術品などは時価評価が変わることに被相続人や相続人が気づいていなかったことです。

４つ目は、相続税の申告業務をする税理士と相続税を減額する相続対策を実行する専門家とは業務が異なることを知らなかったということです。つまり相続税を計算することと、相続対策は異なる業務であり、専門家が異なるという認識がなかったことです。

これらの相続対策の間違いは、山林の立木（りゅうぼく：杉や檜のこと）の評価ができる専門家、美術品や骨董品の鑑定評価ができる専門家、不動産評価ができる不動産鑑定士、「腐動産」対策ができる専門家などのプロジェクトチームで対応する「資産戦略型相続対策®」を実行すれば間違いを防ぐことができたのです。

４、個人が間違いだらけの「節税型相続対策」を実行するまでの３つのステップ

相続対策を行う前提として理解すべきことは、相続対策とはあなた自身の相続問題を解決するためにあるということです。人は意識的に、或は無意識的に問題を抱えています。最初、自分では相続の問題すら感じず相続対策は必要とは思っていません。そして間違いだらけの相続対策を行うようになるには、次の３つの段階を踏むことになります。

第１段階：相続対策の無関心

相続に問題があることを知っていても、相続対策の必要性を感じていない状態です。問題とは、相続税が課税されたり、遺産分割が困難であったり、相続税の納税資金が足りないなどです。しかし本当の解決策に対しては無関心な心理状態です。

第２段階：相続対策の検討

相続問題の解決方法を模索している状態です。一般的に、解決策には

様々な方法があり、どれを選択すればよいか考えながら選択基準を探します。そしてこの段階で「相続対策は＝節税対策である。」と、考えている人が多く見られます。

第3段階：相続対策の最終決断

相続問題の解決のために、相続対策をしなければならないと考えている状態です。相続対策を実行するために考えていることは次のようなことです。

「誰に」節税対策を頼むのか。「費用・報酬」はいくらかかるのか。「節税対策を行って効果があるのか」「どういうリスクがあるのか」などです。

例えば、長男に遺産の大部分を相続させたいのであれば、遺産分割対策で公正証書遺言を作成することが必要になりますが、公証人を知らない、公証役場は行ったことがないから依頼しにくいとなります。

また相続税の納税資金を確保するために、先祖伝来の土地を売却することは、世間にみっともないからやりたくないとなります。

ところが、熱心に何回も節税対策で家に来る建築会社や金融機関の営業マンの人達は、無料のアドバイスをしてくれます。「更地に賃貸物件を建築すれば、先祖伝来の土地を守れます。その上、節税対策になり家賃保証がある『30年一括借り上げ』で地主にリスクはありません。」と言います。

5、従来の時代遅れの「節税型相続対策」の問題点

間違いだらけの「節税型相続対策」を実行するまでの3つのステップを理解すると、従来の「節税型相続対策」がどのようなものか、そしてなぜ現在の相続対策に使えないのかがよく分かります。

第2段階の相続対策の検討にある方は、「多額の借入金は節税対策になり、更地にアパートやマンションを建築すれば節税対策になる。」という話になれば、とんとん拍子に相続対策が決まることがあります。

第3段階の相続対策の最終決断になると、「『30年一括借り上げ』で家賃保証があり、リスクは地主が取る必要はなく、毎月の家賃収入から相続税の納税資金が確保できます。」というお客に合わせた営業トーク

で契約が決まります。

　従来の「節税型相続対策」の問題点は１つに収斂されます。それは「いかに多額の借金をさせて、いかに建てさせるのか？」だけを建築会社や不動産業者、金融機関などが考えている、ということです。そこにあなた自身の相続ビジョンが不在なのです。

　さらに相続対策を考えた場合の問題点は複数あります。まず、アパートの遺産分割が困難なこと、さらに30年後アパートが老朽化したとき建て替えをして、賃貸経営を続けていくプランがないことです。先祖伝来の土地を守るためには、アパートの入居者の立退き料、建物の解体費用、建て替え費用などの多額な費用がかかることです。

　あなた自身が相続対策をどう考えているのか、ということはそこにはありません。「どのようにすれば建てさせることができるのか？」という建築会社主体の相続対策から脱却すべきでしょう。そして、「どのようにすれば被相続人（親）や相続人（子供）が幸せになれるのか？」と、被相続人と相続人を主体として考えるべき時代が来ているというのが筆者（後東）の考え方です。

　そのためにやるべきことは、被相続人(または相続人)の相続ビジョンと相続対策のプロセスを一致させることです。その方法が「資産戦略型相続対策６つの順番と鉄則」です。この「資産戦略型相続対策®」は、従来の建築会社などの提案による「成り行き相続対策」に基づく「節税型相続対策」の方法と根本的に異なります。

第２段階：遺産分割と第３段階：財産管理対策

第２段階：遺産分割対策—公正証書遺言の必要性—

　家督相続は廃止されましたが、中小企業経営者、自営業者、土地持ち資産家などの相続では、現在も後継者（長男など）に遺産の大部分を承継させたいというケースは少なくありません。

　現在の相続においては法律で法定相続分が定められています。従って、

特定の相続人に遺産を多く相続させるためには、生前に被相続人(亡くなる人)の意思として公正証書遺言を作成しておく必要があります。

　尚、法定相続人には「遺留分」があり、「例えば長男だけにすべての財産を相続させる」と遺言に残しても、「遺留分侵害額請求」を申し立てられ相続トラブルになる可能性があります。

　なぜ、遺産分割対策が相続対策の最初にくるかというと、相続人の財産配分が決まらないと、実際の相続税の納税額が決まらないからです。相続税の申告期限は、相続開始から10か月以内と定められています。それまでに話合いで決まらない場合、法定相続分で相続人ごとに仮の申告をし、未分割で納税することになります。

　未分割の場合、「配偶者の税額軽減」や「小規模宅地等の評価減の特例」の税制優遇措置が使えません。また不動産、現金・預貯金などの財産はすべて共有名義になります。その結果、遺産分割できないと、預貯金が凍結され納税資金に活用できません。また不動産を売却して納税資金を支払おうとしても、相続人の1人が反対すれば売却することができません。

第3段階：財産管理対策―「生前4点契約書®」の必要性―

　なぜ、相続対策において財産管理対策が重要なのかというと、相続対策を始める人の年齢が80歳代～90歳代に多いからです。この年齢になると、病気、介護、体が不自由になったり、判断能力が衰えたりします。

　現在では金融機関での振込み、役所への書類申請などは、原則本人しかできません。また金融機関で定期預金の解約や、老人ホームへの入居金のような多額な振込みは、本人確認が必要になります。

　例えば、公正証書遺言の作成においては戸籍や固定資産税評価証明書の取得、預貯金口座の支店名や残高の把握、不動産の全部事項証明書などが必要になります。そのために役所や法務局に出向く必要があります。また実際の相続対策を実行するためには、相続税の試算、不動産の評価や現地調査なども必要になります。

　その都度、高齢者の親が専門家と打ち合せをしたり、役所や金融機関

に出向いたり、不動産の現地案内をすることは大変な作業になります。また本人名義のアパートやマンションなどがある場合、不動産管理業務を行うことは苦労を伴います。

こんなとき「財産管理等委任契約書」を作成しておくと大変便利です。「財産管理等委任契約書」の内容は、大きく分けて財産管理と療養看護の２つあります。

財産管理には、銀行・証券会社・生命保険会社との取引、役所の手続き、日常生活全般に関することなどがあります。療養看護には、医療・介護・施設の手続き、要介護認定の申請などがあります。

この契約書を作成する場合、「代理権目録」を作成し、委任者（親）が受任者(子供)に対して、代理人として行ってもらう権限の範囲を記載します。この書類を作成しておけば、親が相続対策の決断をして、子供が代わりに動くことが可能になります。

このとき、認知症などで判断能力が低下した場合に対応できる「任意後見契約書」、脳死状態になったときに延命治療をしないための「尊厳死宣言書」、死亡後の葬式・お墓や祭祀財産について決めておく「死後事務委任契約書」の４点セットで作成することが望ましいと思います。この書類のことを筆者（後東）は、「生前４点契約書®」と呼んでいます。

第４段階：「腐動産」対策

1、「腐動産」対策の重要性─誰も相続したくない不動産─

３大都市圏や地方中枢都市の価値を維持できる「不動産」であっても、相続人が相続したくない不動産に、老朽化したアパート、マンション、古ビル、貸家などがあります。築年数の古い建物は、旧耐震で家賃やテナント料が安く空室が多いのが特徴です。

資金面で建て替えが困難な大半のオーナーは、賃料の安さだけで何とか生き延びようとします。それにも限界があります。更地にして建て替えるには、入居者との立退き交渉とその費用、建物の解体費用、建て替

え費用など高額な費用がかかります。建て替える場合は収益不動産としての付加価値が上昇することに意味があります。

そこまでの費用と手間をかけて、相続人が先祖伝来の土地で賃貸経営を続けて行く意思がない場合には「腐動産」となることがあります。

地方圏の徐々に価値を下げていく「負動産」においては、親が苦労して建てた自宅が「腐動産」になることがよくあります。高度経済成長期に開発された大都市郊外で、かつてニュータウンと呼ばれた区域や山を削って開発された団地では、住民の高齢化率が50％を超え高齢化タウンになっています。そして商店やスーパーの撤退が相次ぎ、医療機関、ショッピングなどが付近になかったりします。単身者や夫婦だけの世帯、また高齢者にとっても不便で魅力のない住居地域になっています。

このような区域で親の自宅を相続した場合、ほとんど建物の価値はゼロで、建物の解体費用や様々な手数料などで最低150万円〜200万円程度かかります。土地の価格はゼロにはなりませんが、平均的な坪数なら解体費用と同じ金額か、広い面積の場合であっても解体費用を上回ればよい方でしょう。そのため「空き家」のまま放置する人が多いのです。

日本の木造住宅は新築のとき最も価値が高く、入居したとたんに中古住宅になり2割減、10年で5割減、25年で価値がゼロというのが一般的です。

親の世代は人口増加と高度経済成長により、多額の住宅ローンを組んで新築のマイホームを購入しても、土地の価格が2倍、3倍になり資産になりました。ところがこれからの時代は、地方圏では人口減少と世帯数の減少により、購入した土地と建物の価格は値下がりし資産ではなく耐久消費税となり、売却困難な「腐動産」になります。

もう1つ「空き家」という「腐動産」にしておく理由があります。それは建物を解体しないでそのままにしておく方が、更地にしておくよりも固定資産税が安いからです。住宅用地は200㎡までの部分については、特例措置により固定資産税が6分の1、都市計画税が3分の1に軽減されているからです。この制度があるために、解体費用をかけて建物を解体し、高い税金を払う人はいないのです。団地内は今では「空き家」が

増え、歯抜け状態となっています。

　約800万人いるといわれる団塊の世代（昭和22年〜昭和24年生まれ）が、全員75歳以上の後期高齢者となるのは2025年（令和7年）からです。平均余命から推察すると、今後10年〜20年の間に大量の相続が発生します。その結果、3大都市圏や地方中枢都市の価値を維持できる「不動産」であっても建物の老朽化問題が多くなり、地方圏では親の自宅が売却困難となる「腐動産」が急増することは間違いありません。

　<u>「腐動産」対策が最も重要である理由は、売却困難な土地やマイナスの価値しかない土地に毎年固定資産税が課税されることです。</u>たとえ「腐動産」であっても固定資産税は課税され下がりません。地方圏にある市町村では自主財源の約5割を固定資産税に依存しているため、固定資産税を下げると地方財政が成立たなくなるからです。

　さらにリゾートマンション、旧耐震でエレベーターがない4階建てマンションなどは、マイナスの価値しかない「腐動産」になります。その理由はこれらの物件には固定資産税以外に、毎月の管理費用と修繕積立金などが発生するからです。

　通常、マンションの管理費と修繕積立金は毎月3万円程度、リゾートマンションでは5万円程度かかります。分譲リゾートマンションの場合、温泉やトレーニング施設などを備えている所が多くあり、住居以外の共有施設の管理費などがかかることもあります。これ以外に電気と水道が使えるように契約を解除していなければ毎月基本料金がかかります。また別荘地の場合には、冬の雪かき費用や雑草の刈入れ費用がかかることもあります。

　<u>一般的にマンション、一戸建てでも年間の維持管理費用に50万円〜70万円程度かかります。</u>いらない、誰も住まないマイナスの価値しかない家に・・・です。

　<u>これらの物件を多くの人達は、相続後売却や賃貸しで収入を得ることができると思い込んで相続します。</u>ところが賃貸物件として貸し出すためのリフォーム費用は、一般的に最低数百万円はかかります。また年に数回行くリゾート施設なら、ホテルに泊まった方が安くてよいと考え、

これらの物件を購入する人はいません。

　これらの賃貸物件は管理費や修繕積立金、固定資産税などのランニングコストを払い続けるマイナスの価値しかない「腐動産」になります。その結果、「腐動産」を相続した人達から「ゴミよりもお金がかかるから、タダでいいから引き取ってくれないか」という、相続後に「腐動産」の相談が増えるのです。

2、「腐動産」対策の困難さ―売却できない・不動産業者は仲介しない―

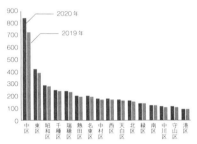

< 名古屋市 > 住宅地・公示地価平均価格

出所：国土交通省「地価公示」より

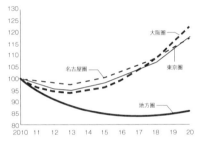

【商業地・圏域別】公示価格指数の推移
（2010 年を 100 とする）

出所：国土交通省「地価公示」より

　上図から判断できるように、今後地方圏においては、益々売却困難な不良資産である「腐動産」が増加します。「腐動産」を相続した人の一番多い間違いは、「いらない『腐動産』は市町村に寄付すればよい」です。市町村は現金の寄付は受け付けますが、「腐動産」を受け付けることは100％あり得ません。なぜなら「腐動産」を市町村が所有したら管理費用がかかり、その上固定資産税という税収が減るからです。

　次によくある間違いは、いらない「腐動産」だけ相続放棄すればよいです。相続放棄する場合には、他に預貯金があったとしてもそのお金も放棄しなければなりません。「腐動産」の所有者の相続人全員が相続放棄をした場合、「腐動産」の所有者はいなくなります。但し、「腐動産」の所有者名義は、そのまま被相続人（亡くなった人）名義であり、国の

名義になることはありません。

　相続放棄すれば、固定資産税の支払い義務はなくなりますが、民法第940条第1項の規定により、相続人による「遺産の管理義務」は残ります。実際にあった話ですが、自己所有の山林から公道にはみ出した木の枝を切らずにおいたら近隣住民から苦情が来て、草刈り用自動車やガードマンの費用などで150万円以上支払われた方がいました。もし、この方が相続放棄した場合、毎回この金額を相続放棄してからも支払わなければならないのです。尚、相続人が管理を怠ると、損害賠償責任を問われることもあります。

　相続放棄した相続人が、家庭裁判所に相続財産管理人の選任申立てを行い、相続財産の管理責任を任せることができます、但し、相続財産管理人の選任には、報酬や経費などに充てるための予納金が数十万円から100万円程度かかります。相続放棄してからもお金がかかるのです。

「腐動産」対策が困難な理由は、親は「先祖伝来の土地（腐動産）を守って欲しい」、子供は「土地（腐動産）は維持管理に費用や手間がかかるので相続したくない」と相続に対する考え方に相違がある場合です。つまり「何を」「どのように」の相続ビジョンが異なり、相続ビジョンの確立ができていないのです。

　先祖伝来の売却困難な土地（腐動産）や毎年継続的に下落する土地（負動産）を守ることだけに執着するのではなく、その土地を売却して価値を生む「富動産」や「金融資産」に組み替えて、次世代に相続させることが相続対策では大切なのです。

　ご先祖様も先祖伝来の「負動産」や「腐動産」を処分して、優良資産に組み替える「資産戦略型相続対策®」を行い「富動産」に組み替えることができれば、さぞ、お喜びでしょう。この相続対策のことを、筆者（後東）は**「資産戦略型相続対策®」**と呼んでいます。

　不動産は「売る・貸す・自分が住む」の3つの選択肢しかありません。「売れない」「貸せない」「誰も住まない」不動産は「腐動産」に該当します。

　建物は解体できても、土地は捨てることができません。ましてや分譲マンションのような区分所有建物では、自分の部屋だけ消滅させること

はできません。そのまま放置すると、親も子供も「土地持ち死産家®」
になります。

　「腐動産」対策で最も重要なことは、早急に売ることです。売り時を待っ
ていても、土地が上昇するところが下落し益々売却困難になるだけです。
ところが売却困難な土地やマイナスの価値となる「腐動産」を不動産業
者は処分しません。

　価値のない「腐動産」を不動産業者が仲介すると赤字になるのでやら
ないのです。宅地建物取引業法の報酬規定の定めにより、売れない、借
り手がない、不動産物件を扱っても儲からないからです。

　例えば、取引額100万円の「腐動産」の場合、宅建業者の手数料は
55,000円です。取引額5,000万円の「不動産」の場合、宅建業者の手
数料は1,716,000円です。100万円の「腐動産」でも、5,000万円の不
動産でも、営業にかかるコストや作業、手間はほとんど変わりません。
その上、不動産業者は「腐動産」を処分した経験が少なく、総合的な相
続対策もできません。

3、「腐動産」対策４つのメリット

　相続対策の第４段階の「腐動産」対策として筆者（後東）は、山林、
保安林、雑木林、老朽アパートやマンション、不整形地、共有名義の土
地、貸宅地(底地)などを数多く処分してきました。解決方法はすべて「資
産戦略型相続対策®」の順番と鉄則に沿って実行してきました。

　「腐動産」だけ処分しようとしても、相続対策として取り組まないと手
間と時間がかかり、後から問題が発生することが多いからです。その上、
「腐動産」問題は精神面でも苦痛を伴うからです。

　「腐動産」は固定資産税や維持管理費の費用問題だけではなく、それ以
上に悩みの種は多くあります。例えば、老朽アパートの入居者が問題を
起したり、部屋の修理問題、近隣住民との雑草や枝によるトラブルや苦
情の対応など様々な問題でオーナーを煩わせます。

　また売却するときに祖父母の相続から相続登記がしてなかったりして
苦労することもあります。変わった話では、山林を自衛隊が訓練で通過

したいので許可を出して欲しいということもありました。

「腐動産」対策だけを行おうとしても通常困難なので、相続対策の中で有機的なつながりを持たせて解決することが近道になります。「腐動産」対策には４つのメリットがあります。

　　①「腐動産」を処理することで、遺産分割が容易になる。

　　②「腐動産」を処分し現金化することで、納税資金が増える。

　　③「腐動産」に相続税は課税されるが、処分することで相続税が下がる。

　　④「腐動産」を処分することで、長年の精神的な苦痛から解放される。

4、最後に最新の「腐動産」情報

　空き家や所有者不明土地の増加を抑える対策として、2024年（令和６年）４月からの相続登記義務化と共に、2023年（令和5年）４月相続土地国家帰属法が制定され、スタートすることになりました。

　この相続土地国家帰属法は、相続したいらない土地（筆者が腐動産と呼ぶ土地）を国に引取ってもらう制度です。結論から申し上げると、筆者（後東）はこの制度はあまり利用できない制度になると思います。

　その理由は、３つあります。

　1つ目は、国庫帰属が認められない土地の条件が10コあります。老朽化した建物があったり、多額の管理費用がかかったり、樹木が生茂ったりする土地、境界の帰属が明らかでない土地などは承認申請ができないからです。

　2つ目は、承認申請時の「審査手数料」、審査が通った後に納付する「10年分の負担金」、手続きを専門家に依頼する「報酬」がかかるからです。その上、建物や樹木がある場合、「解体費用や撤去費用」がかかることです。

　3つ目は、最大の問題点は、手間と時間がかかることです。申請する際に、建物の解体や相続登記などを事前に済ましておく必要があるので、どうしても手続きや作業に時間がかることです。

第5段階：納税資金対策

1、納税資金は「延納・物納」すればよいの間違い

　相続税の納税は、相続が発生してから10か月以内に現金で一括納税することが必要です。そのため納税資金対策は大切です。納税資金の準備は預貯金か生命保険で確保することが一般的です。変動リスクがある株式や不動産などは適していません、

　例えば土地持ち資産家などで複数の不動産を所有する人の中には、駐車場などを**「相続税の納税資金用の土地」**で保有している方がいます。相続が発生したら、その不動産を売却して相続税に充当するという考え方です。

　この考え方は非常に高いリスクがあります。1つ目は、日本国内のほとんどの不動産価格は値下がり続けており、売却したいときに売却したい価格で売却できるとは限らないことです。2つ目は、今日のコロナや地震などの不測の事態が発生した場合、非常にハイリスクになります。3つ目は、遺言書がない場合には、相続人間で遺産分割協議が成立せず、駐車場の売却の合意ができないこともあるからです。

　延納・物納による相続税の支払いは考えない方がよいと思います。平成18年（2006年）の税法改正で延納と物納の条件が厳しくなり、ほぼ不可能になったというほど激減しました。平成3年（1991年）日本全国の延納申請件数47,360件、平成30年1,289件です。同様に平成4年の日本全国の物納申請件数は12,197件、平成30年99件です。

　激減した理由は、延納や物納の際に添付する「金銭納付を困難とする理由書」が変更になったからです。例えば、延納すると生活費は申請者月額10万円、配偶者月額4.5万円になり、それ以外のお金はすべて納税に充てなければならないのです。従って、相続税は延納や物納すればよいという考え方は非常に危険です。

2、納税資金の確保は生命保険が有利

　中小企業オーナーの場合には、金庫株と死亡退職金の活用による納税資金対策があります。中小企業オーナーが亡くなり、相続人が相続により取得した自社株を会社に買い取ってもらい、その売却代金で相続税を納付する方法です。

「金庫株」とは、会社が取得した自己株式のことをいいます。この「金庫株」を活用した納税資金対策は、事前に生命保険を利用した買取り資金の確保が前提になりますが、相続税申告書の提出期限の翌日以降3年以内に、自社株を譲渡した相続人に対しては、配当所得ではなく譲渡所得として扱われるという軽減措置が設けられています。

　中小企業オーナーが会社から役員退職慰労金を受取れば、本人の老後の生活資金として消費したり、残りを相続税の納税資金として活用できます。また会社が退職金を支払うと、会社の株価が下がり、その結果、相続税も下がります。

　中小企業オーナーが死亡したときは、死亡保険金の非課税枠とは別に、死亡退職金の非課税枠として「500万円×法定相続人の数」があり、相続税の納税資金として活用できます。つまり個人と会社のダブルで非課税枠が活用できるのです。また会社が支給する一定範囲内の弔慰金は、相続税の非課税財産となります。

　納税資金として預貯金と生命保険を比較検討してみましょう。預貯金は相続開始と同時に凍結され、遺産分割協議の対象となり、相続人同士の話合いにより分割しなければなりません。

　その結果、相続人の思い通りにならない、納税資金の確保ができないこともあります。

　生命保険は相続財産ではなく保険金受取人固有の財産になるので、遺産分割協議の対象外で、遺留分の対象でもありません。その上、受取人を生前に指定できます。また極端な場合以外は、「特別受益」にはあたらないので、「特別受益」として相続財産に合算し、相続分を再計算する必要もありません。

このように預貯金と生命保険を比較すると、遺産分割に関係なく、遺留分の対象にもならず、その上、非課税枠がある生命保険の方が納税資金の面で優れています。

　尚、生命保険で納税資金を準備するには、相続税の試算をしてそれに見合う保険金額の生命保険に加入する必要があります。

第6段階：節税対策

1、節税対策は4つある―不要な「腐動産」の処分で節税―

　相続税の節税対策を行うことで相続税の金額を数千万円から数億円も減らせる場合があります。相続までの期間が長いほど多くの節税対策の手法が活用できます。節税対策は非常に広範囲で、遺産分割対策や納税資金対策よりも高度な技術と豊富な経験が必要になります。

　相続税の節税対策は大きく分けて4つあります。1つ目は、相続財産の量を減らすことです。具体的には、不動産や自社株、預貯金などを生前贈与することです。2つ目は、相続財産の評価額を下げることです。具体的には、土地の疵（きず）などを見つけて相続税評価額を下げることです。もう1つは、更地にアパートやマンションなどの賃貸物件を建築して相続税評価額を下げる方法です。

　3つ目は、「小規模宅地等の評価減の特例」や生命保険の非課税枠などの制度を賢く使う方法です。4つ目は、相続税の課税される不要な山林、保安林、別荘、原野などの「腐動産」や相続税は高いが時価が安い老朽アパート、貸宅地（底地）、共有名義の土地などを処分して相続税を節税する方法です。

　更地に賃貸アパートを建築して相続税を下げる方法は、その土地が3大都市圏や地方中枢都市、地方都市の価値を維持できる「不動産」で、立地条件のよい場所であれば建築してもよいでしょう。

　しかし地方圏の毎年徐々に価値を下げ続ける「負動産」の場合には、20年〜30年後には半値に下落した土地に老朽アパートが建っています。

建て替えるためには立退き費用や解体費用が多くかかります。その結果、売却困難な土地或はマイナスの価値しかない「腐動産」になり、買手がつかない恐れがあり「土地持ち死産家®」への近道になる可能性があります。

2、生前贈与は減額してから行う
—節税・納税・遺産分割の３つが同時にできる「後東式戸建賃貸®」—

これからの節税対策は生前贈与が中心になります。生前贈与を活用するときの注意点は３つあります。

①贈与を早く行うこと。

②大きな金額を減額してから贈与すること。

③贈与することによって遺産分割を容易にすることです。

贈与を早くしないと「生前贈与加算」の問題があったり、毎年110万円ずつ子供に贈与しても相続税は大幅に減額できません。また自社株を長男だけに贈与したり、長男だけに不動産を贈与すれば「特別受益」の問題が発生し、遺産分割が益々困難になります。早く、大きく、容易に遺産分割ができるようにすることがポイントです。

例えば、駐車場に現金で戸建賃貸を４棟建築すれば、その土地は「貸家建付地」となり土地の相続税評価額は約20％下がります。建築した貸家(戸建賃貸)の固定資産税評価額は現金の約60％になり、その上、借家人の権利が30％引かれるので、相続税評価額は約40％に下がります。

さらにこの戸建賃貸を子供２名に２棟ずつ生前贈与することによって、相続税は大幅に減少し、その上、戸建賃貸の家賃収入も移転するので、子供は納税資金の確保もできます。２名の子供に2棟ずつの戸建賃貸を相続させれば、遺産分割は容易になります。

このように「後東式戸建賃貸®」は相続税評価額を約60％減額でき、子供は納税資金の確保ができ、遺産分割を容易にできるのです。

このとき注意すべき点は、親の土地に親が戸建賃貸を建築した場合、親の土地は貸家建付地となります。その後、建物のみ生前贈与したとき親が貸付けていた賃借人（入居者）に変動がない（賃貸借契約が贈

与後も継続している）場合にのみ、その土地は貸家建付地となります。しかし生前贈与後、賃借人（入居者）が変わった場合には更地評価となります。

「後東式戸建賃貸®」はオーダーメードの高級賃貸住宅で大都市圏の「不動産」や価値が徐々に下がる地方圏の「負動産」にも対応できます。また建物解体、売却、分割などの出口戦略も豊富に取れます。

ところが大半の戸建賃貸は安普請で同じ形や色違いのプレハブ型で、大都市圏の「不動産」には不向きであり家賃設定も低くなります。また売却、分割などの出口戦略にも不向きです。

資産戦略型相続対策の鉄則
―安直な「成り行き相続対策」を実行しないこと―

相続対策を実行する前に注意すべき鉄則が２つあります。1つ目は相続対策を安直に実行しないことです。2つ目は相続対策は有機的なつながりがあるので、専門家のプロジェクトチームで対応することです。

相続対策を相談する相手は、相続相談の経験、相続事例を多く持ち多くの人にアドバイスしてきた人が望ましいことは当然です。ところがどんなに素晴らしい経験豊富な相続対策のスペシャリストの助言であっても、「相続対策の助言の質や解決策は、依頼者の質問の質、以上にはならない」ということです。どういう意味かというと、善い質問をすれば、善い相続対策の答や解決策が、下手な質問をすれば、下手な答えや間違った相続対策しかできません。

よくある間違った質問は「借金すると相続税が下がるから」や「アパートは『30年一括借り上げ』で30年間家賃保証があるから」「先祖伝来の土地（腐動産）を守りたい」などです。

また本を何冊も読み、セミナーにも参加して勉強して実行したことが間違いだったことに本人が気づいたときです。このときほとんどの人がすぐに間違った相続対策をやめようとせず、そのまま放置しておきます。

相続対策を依頼する場合、よく考え、無料で、建築会社などに安直に頼まないことが重要です。ほとんどの人は相続対策の順番を間違え、根本的な解決策よりも節税対策などの目の前の症状に焦点を当てすぎて失敗します。

　その多くの失敗例が多額の借入金と『30年一括借り上げ（サブリース契約）』です。この相続対策の失敗の根本原因は、安直に建築会社、金融機関などの相続対策の専門家でない営業マンから聞いて「成り行き相続対策」を実行した結果です。

　相続対策は有機的なつながりを持っているので、総合的な対策が必ず必要になります。相続対策は遺産分割、財産管理、「腐動産」対策、納税資金対策、節税対策などがあり、考える領域が広く且つ有機的なつながりがあるので、専門家のプロジェクトチームで対応することが最もよいのです。

　例えば、主な財産が自社株や不動産で複数人の相続人がいる場合、自社株や不動産全部を長男に相続させようとしても、遺産分割が困難になります。またそのための納税資金の確保も必要になります。さらに他の相続人に対する遺産分割資金をどう確保するのかという様々な問題が発生します。

　親が先祖伝来の土地を子供に相続させたいと思っても、その不動産が毎年継続的に価値の下がる「負動産」や売却困難な土地やマイナスの価値しかない「腐動産」の場合には、子供は相続したくないと考えます。

　つまり親と子供の相続ビジョンと「かんじょう(感情と勘定)」が異なるのです。相続対策には依頼者の質の高い質問と「正確な思考と行動」が必要になります。

相続対策で成功する方法

・相続対策は5つあり、この順番と鉄則で実行すると成功する。安直な「成り行き相続対策」をしないこと。

　相続対策は「節税対策」から行うとたいてい失敗します。その理由は簡単です。相続税を計算するためには、まず「誰が」「何を」相続するかを決めないと計算できないからです。実際の相続では、法定相続分で

相続することがないからです。「遺産分割対策」をしてから相続税を計算しなければならないからです。節税対策はその後になります。

　２つ目の理由は、全国の地方圏で徐々に下落している「負動産」に賃貸住宅を建築することは、土地の価値を下げる節税対策になります。何もしなくても土地の価格は下がるので節税対策をする必要がないのです。相続対策で行わなければならないのは、土地の価値を上げる節税対策です。

　相続対策で難しいのは、「どのように」相続させるのか、ということです。

　例えば、長男に土地を全部、自社株全部を相続させようとしても、納税資金をどうするのかという問題が発生します。その場合、有機的に行わなければならない相続対策を、一面からしか見ない建築会社や不動産業者、金融機関の営業マンなどの「成り行き相続対策」から、安直なアドバイスを受けて実行しても成功することはあり得ません。

　大切なことは、あなた自身の相続ビジョンの確立で「誰に」「何を」「どのように」相続させるのかという質問をする、あなた自身の相続対策の質問の質が最も重要なのです。安直な質問には安直な答があり、質問の質が答の質、相続対策の解決策に直結します。

「相続対策が３つ同時にできる後東式戸建賃貸」

―遺産分割・納税資金・節税対策の３つ相続対策が同時にできる方法―

人口減少でもアパ・マンが増え、空き家が拡大する理由

　総務省の平成20年（2008年）の「住宅・土地統計調査」によると日本の住宅総数は5,759万戸、空き家757万戸、空き家率13.1％です。

　さらに野村総研の予想では令和15年（2033年）日本の総住宅数7,000万戸、空き家2,000万戸、空き家率28.6％です。現在空き家は毎年20万戸ずつ増加しており、新設住宅着工戸数は毎年73万戸ずつ増加しています。その上、日本の人口は今よりも1,000万人も減少します。

　では、なぜ空き家が増え続けるのに建築会社（ハウスメーカー）は、毎年アパートやマンションの建築を続けるでしょうか？その理由は極めて簡単です。アパートやマンションを作り続けなければ、会社が毎年売上をあげ利益を出すことができないからです。今後空き家が増加し続けることが分かっていても、家賃の下落が続いてもアパートやマンションの新築を行わなければならないのです。

　アパートやマンションが多くなり空き家の増加と家賃の値下げのダブルパンチの影響を受けるのは大家であり、建築会社やハウスメーカー、不動産業者ではありません。不動産業者は空き家が出ても困らない理由は、空き家が増え家賃を値下げしても入居者自体が急激に減るわけではなく、賃貸住宅の需要が全くなくなることもないからです。ましてや不動産業者の腹が痛むこともありません。

不動産業者にとってむしろアパートやマンションの増加によって紹介物件が増え、選択肢が広がるから成約率はアップします。その結果、不動産業者は空き家が増えても仲介手数料は変わらず、アパートやマンションの空室が拡大しても困ることはありません。

ところが戸建賃貸は建築費用がアパートやマンションより安く建築会社（ハウスメーカー）にとって「うまみ」がありません。不動産業者にとっても戸建賃貸は入居期間が長くなり戸数も少ないので、入居時の募集手数料がアパートやマンションよりも少なくなり「うまみ」が少ないのです。つまり戸建賃貸は業者にとって「うまみ」がなく、アパートやマンションの方が儲かるから、戸建賃貸よりもアパートやマンションを建築するのです。

つまり人口減少により日本中に空き家が増えても、建築会社（ハウスメーカー）、不動産業者などは困らないのでアパートやマンションの新築を勧めるのです。あなたが土地活用や相続対策の王道は、借金してアパートやマンションを建築することだという従来の時代遅れの固定観念に捉われていると、空き家リスクや家賃の値下げリスクにさらされ相続対策の失敗への近道を歩むこととなるでしょう。

アパート・マンションより戸建賃貸が儲かる理由

同じ面積であれば、戸数の多いアパートと戸建賃貸ではどちらが儲かるでしょうか？一般的には「"戸数の多いアパートを建築した方が家賃収入が多くなるのでトクだ"」という認識を大多数の大家は持っています。しかしこの考え方は間違っています。その理由を以下で説明します。

前提条件として1つの敷地200坪を長男と二男の二人で100坪ずつ分割して、長男は100坪の土地に2棟の戸建賃貸を建築し、二男は100坪の土地に8戸のアパートを建てたと仮定します。家賃は戸建賃貸がペット可能で月額17万円、アパートが月額6万円とします。建築費用は戸建賃貸が2棟で2,800万円、8戸のアパートは7,000万円かかったとしま

しょう。

　家賃収入は次の通りです。

・戸建賃貸が２棟×17万円×12か月＝408万円

・アパートが８戸×６万円×12か月＝576万円

　単純に表面利回りを比較すると、長男は年14.6％、二男は8.2％になります。計算式は次の通りです。

・長男（月額17万円×2棟×12か月）÷2,800万円＝14.57％・・・戸
　建賃貸

・二男（月額6万円×8戸×12か月）÷7,000万円＝8.22％　・・・アパー
　ト

　つまり家賃収入はアパートが上回りますが、不動産活用のROI（投資利益率）では戸建賃貸の方が儲かります。管理費用、修繕費用など費用の面においても戸建賃貸の方が少なくなりトクです。また入居者年数を比較しても独身者の多いアパートなどよりもファミリーの多い戸建賃貸の方が長くなります。従ってアパートやマンションは家賃収入が多く、収益性が高いということは間違いなのです。

　もっと分かりやすく言えば、定期預金金利14.57％と8.22％の金利を比べて、あなたはどちらの銀行に預金をしますかという質問に対して、アパートやマンション銀行の8.22％の低い金利に預金をしている人が多いという答えになります。

　このように戸建賃貸はアパートやマンションに比べて建築費用が安く、高い利回りが得られる特徴があります。またペット可能、駐車場２台付などファミリー層にマッチしているので入居者を確保しやすく入居期間も長くなります。またアパートやマンションよりも戸建賃貸は供給よりも需要が多いのです。

戸建賃貸は3つの相続対策
（遺産分割・納税・節税）が同時に可能

　アパートやマンションを相続対策で新築する場合、節税対策で始める人は多くいます。なぜなら現金を建物の評価に変えると50％近く節税になり、土地も貸家建付地として20％近く相続税評価額を下げることができるからです。

　しかしアパートやマンションを利用した節税対策は、今では安易にやらない方がよい相続対策になりました。なぜなら人口減少と少子高齢化によって三大都市圏や地方中枢都市などの一部地域を除いて、日本のほとんどの地価は年々徐々に下がっているので、わざわざ借金してアパートやマンションを建築して節税対策をする必要がなくなったからです。

　従来の相続対策は節税対策のみ実行して、納税資金の確保や遺産分割対策もなくアパートやマンションを建築することが多くありました。その結果、相続時に借金と老朽アパートを相続人が相続したくないけれども相続する**「土地持ち死産家®」**になるケースが散見されました。

　節税対策より相続で先に実行すべきことは遺産分割対策と納税資金対策です。なぜなら相続開始10か月以内に相続税を金銭で一括納付しなければならないからです。しかも平成18年度の税法改正で「延納」や「物納」がほとんど認められなくなったからです。

　また土地を納税資金のために残しておいたとしても、その土地を売却した現金で納税しなければなりません。相続発生後、葬儀、49日法要、100日法要や死後の遺産整理などもあり余裕を持って買主を探す時間はありません。それどころか二束三文で売却しなければならないこともあるでしょう。

　ところが戸建賃貸の場合、相続税の納税資金に必要な金銭だけ売却すればよいのです。遺産分割を考えると1棟のアパートやマンションは分割できませんが、戸建賃貸なら相続人間で容易に1棟ずつ分割ができます。その上、戸建賃貸は貸家建付地の評価になり相続税評価額が下がり

節税対策にもなります。

　このように戸建賃貸は相続対策において遺産分割対策、納税資金対策、節税対策の３つが同時に可能になり断然有利なのです。

相続対策はアパ・マンより戸建賃貸が断然有利な18の理由

（１）需要が多く高い家賃設定が可能

　マクロの面からみると人口の減少による空室の増加と家賃の下落によって空室リスクが大きくなり、大都市郊外や地方都市の立地条件のよくない土地でのアパート・マンション経営はしないほうがよいでしょう。大家にとって賃貸経営で最大の不安は、空室リスクだからです。

　ところが戸建賃貸はなぜ需要が多いのかというと、もともと所有者が転勤や相続などの理由で住まなくなった古家が、不動産市場に供給先として提供されただけだからです。

　また国土交通省「平成26年度土地に関する動向」によると、賃貸住宅に住みたい人の69％が１戸建てに住みたいと答えています。しかし国土交通省の「平成26年度建築着工統計調査報告」の賃貸住宅の建て方は、賃貸アパート・マンションなどの共同住宅69.2％、戸建賃貸2.5％となっています。

　つまり戸建賃貸に対する需要は全体の約70％もあり、実際の供給2.5％と非常に大きな需給ギャップがあり、賃貸アパート・マンションよりも戸建賃貸の方が入居者の確保が有利なことが分かります。さらに需給ギャップがあるということは、戸建賃貸は高い家賃設定をしても入居者を確保できるという証拠なのです。

（２）入居者を容易に獲得しやすい

　筆者（後東）の実際の経験から、法人需要が多く見込めることが分かります。戸建賃貸は法人の借上げ社宅になったり、入居者が会社から家賃補助を受けている場合が多いのです。家賃補助の金額は5〜15万円程

度が多く、また金額ではなく家賃の上限はあるが、家賃の80〜90％補助する会社もあります。

　なぜ戸建賃貸派が増えているのかというと、自宅を購入すると会社からの家賃補助が打ち切られ、住宅ローンを毎月支払わなければならないという経済合理性からです。その結果、戸建賃貸に入居して貯蓄することも可能になります。

（3）郊外でも駅から遠くても建築できる

　賃貸アパート・マンション経営は立地条件によってほぼ決定されます。単身者向けのアパート・マンションの場合、駅に近い物件に人が集中します。

　ところが戸建賃貸の場合は郊外でも駅から遠くてもいいのです。なぜなら戸建賃貸の場合はファミリーで入居し、夫の通勤よりも子供の学校に近いよい環境にあるとか、妻の買い物に便利であるとかの理由が優先するからです。最初からマイカーの活用を前提に物件を選んだり、環境の良い所に住みたいという思いが強くあるからです。

（4）狭い土地でも有効活用できる

　アパート・マンションを建築する場合、最低100坪以上の土地が必要になりますが、戸建賃貸では一棟20〜30坪程度の土地でも建築できます。また自分の土地が長方形、三角形、旗竿地などの不整形地であっても建築は可能です。

　このように今まで利用価値のなかった土地や駐車場にしかならなかった土地を資産として有効活用でき、収益性を上げることは十分に可能です。

（5）入居者は長期契約になる

　戸建賃貸は法人の借上げ社宅になった場合、会社が移転したり倒産しない限り長期契約が可能です。個人契約の場合でも、家を住み替えるとき家賃15万円の家を出て7万円のアパートに住み替える人はいないでしょう。

例えていえば百貨店で洋服を購入していた人が「しまむら」の衣料品に切り替えることも少ないでしょう。長期契約は大家にとって家賃収入が安定的に入り、入居者退出時の原状回復費用や定期的な修繕費用も少なくてすむということであり非常に有難いことでもあります。

　戸建賃貸は通常アパートやマンションに比べて２倍以上の入居期間になります。

（6）共用部分がなく大家の管理がらくである

　アパート・マンションの場合、エントランスや廊下、階段といった共用部分の掃除や電球の取り換えなどは大家の仕事です。しかし戸建賃貸の場合そもそも共用部分がなく、掃除や庭の草取りは入居者がたいていやります。また上の階の物音がうるさいという苦情もありませんので、大家にとって管理が非常にらくになります。

（7）解体費用や立退き費用が少なくてすむ

　アパート・マンションの場合、建物の解体費用や建て替え費用、また建て替える前の立退き交渉などで将来の負担額が数千万円～数億円程度かかることも珍しくありません。その点、戸建賃貸の場合は木造などで解体費用も100万円程度で安く、立退料も０円にすることもできます。

（8）アパ・マンよりも戸建賃貸は高く売れる

　アパート・マンションを売却する場合、収益物件の売却価格になります。収益物件の売却価格の説明を簡単にすると、アパート・マンションを不動産投資家に売却する場合、土地がいくらで建物がいくらという別々の価格ではなく、土地と建物を一体評価した価格で投資家が買う金額が売却価格になります。例えて言えば骨董品を買った値段ではなく、古美術商が骨董品を買いたい人に売る値段に似ています。

　つまりアパート・マンションの売却は収益物件となり投資家の期待利回りによって売却価格が決定されるのです。従って築古の建物の解体費用や立退き費用を考慮すると二束三文で売却されることが多いのです。

その点、戸建賃貸はエンドユーザーが購入者で売却価格はその戸建周辺の価格が相場となり高値で売却できるのです。

（9）「負動産」を「富動産」にする資産の組替えができる

例えば大都市郊外や地方都市の利用価値の低い土地に戸建賃貸を新築し、価値をつけてエンドユーザーに売却します。そしてそのお金で駅が近い、幹線道路沿いの商業地や利便性の高い地域の1棟のアパートや区分マンションなどの資産に組替えていくことも可能になります。つまり地主自らが分譲会社のオーナーになって販売し利益を得るのです。

ところがアパート・マンションを建築し売却する場合、投資家の期待利回りで売却価格が決定されるので戸建賃貸のようにうまくいきません。

先祖伝来の土地所有にこだわり手放さないで、ただ守ることを優先していると相続のときに利用価値のある土地を納税資金のために売却し、逆に売却困難な利用価値のない土地を相続することになります。その結果、優良資産は減っていき、やがて負動産や腐動産が多い**「土地持ち死産家®」**になっていくことでしょう。

（10）資産の組替えは80%の税制優遇がある

通常、土地を売却すると利益に約20%（所得税15%、住民税5%）が課税されますが。ところが、一定の要件を満たし「事業用資産の買換え特例」を利用した場合で売却した金額より買い換えた金額が大きい場合、譲渡所得税が5分の1、つまり4%の実質税率になります。

例えば、地方圏や大都市郊外にある駐車場を売却し、その前年、売却した年、或は売却した年の翌年中に利用価値の高いマンション（駐車場の売却金額より高い）を購入すれば、駐車場を売却した譲渡所得税の80%が課税されず、残りの20%に課税されます。

（11）15%以上の利回りが可能になる

通常のアパート・マンションの場合、ハウスメーカーなどが提案する表面利回りは7〜8%程度です。ところが戸建賃貸はそれ以上の15%以

上の利回りも可能です。

　例えば戸建賃貸を1,200万円で建築し、家賃が15万円の場合、15%の利回りになります。

　・計算式は（15万円×12か月）÷1,200万円＝15%

　15%の利回りが確保でき、全額自己資金で建築すれば投資金額1,200万円はわずか7年弱で元が取れます。

　・計算式は1,200万円÷（15万円×12か月）＝6.7年

　従って7年間賃貸で貸し出して元金を回収してから、戸建賃貸を子供に自宅として住まわせれば無料で家を手にすることもできるのです。

（12）ローリスク・ミドルリターンの賃貸経営が可能になる

　戸建賃貸1棟の建築費用は1,000～1,500万円程度で、借入せずに自己資金で建築できるので、リスクが小さくローリスク・ミドルリターンの経営が可能になります。

　しかしアパート・マンションの場合、全額自己資金で建築する人はほとんどいません。ほとんどの人が金融機関からの融資を受けて建築するので、大家として儲けが少なくリスクの大きいハイリスク・ローリターン経営になりやすいのです。

　借入金が多いと「デッドクロス（黒字倒産）」になることもあります。また『30年一括借り上げ（サブリース契約)』すれば、大家が儲かるどころか儲からない賃貸経営になります。

（13）アパ・マンにない魅力的な生活空間ができる

　分譲住宅並みの十分な間取りや設備を取り入れることも戸建賃貸では可能となります。ピアノが自由に弾けたり、音楽を楽しめる設備を組み込んだりすることもできます。

　戸建賃貸ならペットが自由に飼えます。アパート・マンションでもペットを認めている所は少なく、たいてい「室内で飼うこと、鳴き声の小さな小動物に限る等」の条件が付いています。

　ガーデニングができる小庭、駐車場が取れる敷地などアパート・マン

ションにはない多くの魅力的な付加価値を付けることができ、入居者の希望にかなった建築も可能になります。また近隣住民とのトラブルが少なく、コミュニケーションが保ちやすいという利点もあります。

(14) 節税対策ができる

戸建賃貸を建築し貸家建付地（かしやたてつけち）にすると相続税評価額が約20％程度下がります。建物について相続税評価額は実際の建築価額の約60％程度まで下がります。そこからさらに借家権割合30％を下げることが可能です。合わせると実際の建築価額の約40％まで相続税評価額を下げることが可能です。

固定資産税については更地に家を建てるだけで約6分の1に軽減でき、都市計画税も約3分の1に軽減できるメリットがあります。

(15) 遺産分割対策が容易にできる

戸建賃貸の場合相続人に均等に土地を相続させることができます。例えば3棟の戸建賃貸であれば、長男は相続税の納税のために1棟売却し、二男はそのまま他人に1棟貸し続けて家賃収入を得て、長女は1棟売却して老後資金にすることもできます。1棟のアパート・マンションでは遺産分割は不可能ですが、戸建賃貸であれば遺産分割は容易にできます。

不動産を共有名義にしないですむのも戸建賃貸のメリットです。アパート・マンションを共有にしたり、更地であっても土地の共有名義はやってはいけない理由は、リフォーム、建て替え、売却などで相続人間の合意を得ることが難しくなるからです。また亡くなる順番によっては兄弟姉妹の甥や姪との共有名義になったり、叔父や叔母等との共有名義になったりするからです。

土地を共有名義で相続するとその土地の有効活用は難しくなり絶対に避けなければなりません。不動産の共有名義は"不動産"を"負動産"にするようなものです。

1棟のアパートやマンションを子供達の共有名義にして共同経営させる方法を取っている人もあります。一見理想的な方法に見えますが相続

では絶対にやってはいけないことです。兄弟間で老後に備えてアパートやマンションを持ち続けたい、もう一方がまとまった資金がほしいので売却したいと考えると、活用方法をめぐって家族が揉めるケースが多いのです。

　このような場合、最後は土地も建物もすべて売却して現金化するという結論にほとんどなります。さらに1棟の築古アパートやマンションの場合、買い手がすぐに見つかることは滅多にありません。売却するまでに数年を要することもあります。

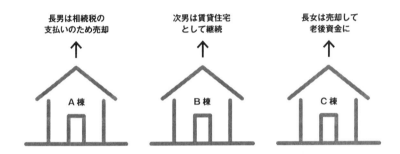

（16）納税資金対策が容易にできる

　相続税の納税資金に困ったら必要な戸建賃貸の戸数だけ売却すればよく、不動産の減少を最小限にすることができるというメリットがあります。

（17）戸建賃貸は出口戦略が可能

　相続対策に伴う不動産経営で最も重要なことは出口戦略です。アパートやマンションの場合何も相続対策せずに相続を迎えると、老朽化した建物を最終的には二束三文で売却し現金化する道しか残されていない場合が少なくありません。

　その点、戸建賃貸の場合、1棟目は相続した物件をそのまま所有し家賃収入を得る方法、2棟目は売却する方法、3棟目は戸建賃貸に自分が住んで自宅にする方法、4棟目は建物を解体して別の用途で利用する方法など4つの選択肢があります。これはアパートやマンションにはない

非常に大きな相続対策のメリットです。

（18）生前贈与がしやすい

　親から子供へ現金を贈与したり、更地や駐車場で贈与するよりも戸建賃貸を建築し、その物件を贈与した方が節税効果は大きくなります。「後東式戸建賃貸®」を活用して、駐車場の上に戸建賃貸を建築すれば、更地は「貸家建付地」となり土地の相続税評価額は約20％下がります。また貸家の評価になり相続税評価額は30％下がります。<u>相続対策としての生前贈与を活用するポイントは「減額してから贈与する」</u>です。

　例えば、親の1億円の現金を子供に贈与すると、1億円に対して4,779.5万円（48％）の贈与税が課税されます。仮に1億円で戸建賃貸を数棟建築したとします。一般的に建物の固定資産税評価額は建築価格の約60％になります。そして賃貸物件の場合、借家人の権利30％が引かれ、相続税評価額は4,200万円になります。

　計算式は次の通りです。
　・戸建賃貸の評価額＝1億円×60％＝6,000万円
　・6,000万円×（1−借家権割合30％）＝4,200万円

　その上、相続税評価額が1億円から4,200万円に減額された戸建賃貸を、親から子供へ生前贈与すれば、家賃収入は子供のものとなり、子供は納税資金の準備もできます。さらに親の1億円の財産は生前贈与によりなくなり、親には家賃収入も発生しないので相続税は0円になります。

　つまり<u>「戸建賃貸」を生前贈与することによって、相続税は大幅に減少し、子供は納税資金の確保ができるというダブルの相続対策が可能になります。</u>

　このとき注意すべき点は、親の土地に親が戸建賃貸を建築した場合、親の土地は貸家建付地となります。その後、建物のみ生前贈与したとき親が貸付けていた賃借人（入居者）に変動がない（賃貸借契約が贈与後も継続している）場合にのみ、その土地は貸家建付地となります。しかし生前贈与後、賃借人（入居者）が変わった場合には更地評価となります。

後東式戸建賃貸で節税・納税・遺産分割が同時にできる

駐車場や更地に現金で
戸建賃貸を建築

貸家は現金の約40%に
評価減となる

後東式戸建賃貸

生前贈与

・親から子供へ戸建賃貸の
　家賃収入も移転できる。
　（納税資金の確保）
・複数棟建築すると遺産分
　割が容易にできる。

駐車場など　　　　　　　　土地

「貸家建付地」として約20%減額

平成28年後東式戸建賃貸®コーディネート業務（名古屋市内）

平成31年後東式戸建賃貸®コーディネート業務（春日井市内）

(19) 最後に一言

　建築会社（ハウスメーカー）、不動産業者が勧めるアパートやマンション建築のやり方を安直にそのまま受け入れるのではなく、「誰に」「何を」相続させたいのか？「何の」ために節税対策を行うのか？「どのように」土地活用するのか？あなた自身がよく考える必要があります。

アパート・マンションと「後東式戸建賃貸®」の比較

	アパート・マンション	後東式戸建賃貸®
①需要と供給	供給過剰で空き家が年々増加 2033年2,000万戸の空き家	供給少なく需要が多い
②立地条件	駅から近い所	郊外、駅から遠くても可能
③敷地	100坪以上、四角形	20～30坪、長方形、三角形 旗竿地（はたざおち）でも可能
④建築費用	数千万円～数億円程度	1,000万円～1,500万円程度
⑤借金	数千万円～数億円程度	100%自己資金も可能
⑥入居期間	短期が多い	長期が多い
⑦契約・家賃	短期間が多い 戸建よりも家賃安い	長期間が多い アパ・マンよりも家賃高い 法人契約・社宅契約も可能
⑧大家の管理	共用部分の管理あり、面倒	そもそも共用部分がない
⑨解体費用	1棟数百万円～数千万円程度	1棟100万円程度
⑩入居者の 立退き費用	1棟数百万円～数千万円程度	必要なし（定期借家）
⑪売却	購入者が限定される 安い価格で売却	エンドユーザーに売却可能 高い価格で売りやすい
⑫利回り	6～8%程度	15%以上も可能
⑬節税対策	貸家建付地として相続税評価額減少	貸家建付地として相続税評価額減少
⑭生前贈与	1棟の生前贈与は難しい。 生前に納税資金の確保困難	1棟ごとの生前贈与は容易に可能。 生前に納税資金の確保可能。
⑮遺産分割 対策	1棟では遺産分割不可能	1棟ごとに遺産分割可能

⑯納税資金対策	売却に時間がかかる	短期間で売却が可能 必要な戸数のみ売却可能
⑰その他	ペット可能、駐車場2台困難	ペット可能、駐車場2台可能
⑱建物の建て替え	・建物解体時に入居者の立退き交渉、立退き費用、解体費用問題 ・数千万円～数億円の多額の建て替え費用と時間がかかる	多額の建て替え費用と時間がかからない
⑲出口戦略	・10～30年後空き家や家賃の値下げリスクが増加 ・相続時にアパートローン問題 ・建物解体・売却・分割が困難	・7～10年以内に投資資金の回収が可能・建物解体・売却・分割が容易

相続対策で成功する方法
・**相続対策を考えた場合、節税・納税・遺産分割の3つが同時にできる「後東式戸建賃貸®」が圧倒的によい。**

おわりに

相続対策は二刀流でやろう

　なぜ、大谷翔平選手は二刀流にチャレンジしたのか？日本ハムファイターズの栗山英樹監督は、次のように大谷翔平選手のことについて語っています。「誰もやったことのないことをやりたいのだと思うのです。結果じゃなくて、それをまずやってみる。翔平は、チャレンジしてみることが嬉しくてしょうがないという価値観を持っているのです。」

　相続対策でも二刀流にチャレンジすることが必要です。この考え方は、筆者自身の相続体験の中から生まれました。

　筆者が「相続対策のまとめ役、相続を調整する人」という意味で、「相続コーディネーターⓇ」を名乗るようになったのは、30年前、実の親の相続がきっかけでした。税理士、弁護士、司法書士、宅地建物取引士（不動産業者）などの専門家が関係したにも関わらず、10か月以内に遺産分割協議ができず、相続税の申告・納税ができませんでした。

　このとき気づかされたことは、「専門家は相続を知らない。自分の分野の仕事しかしない。相続人が困っても相談にのることはなく、手を差し伸べることはない」ということです。相続人にとって、相続は初めて経験することばかりです。そんな相続人の側に立ち、専門家を一つにまとめ、相続を最初から最後まで一貫して支える「相続コーディネーターⓇ」の存在の必要性を痛感しました。

　生前の相続対策では、遺言書は信託銀行、弁護士、司法書士などに、土地活用は不動産業者、建築会社（ハウスメーカー）などに、生命保険の活用は生命保険の営業マンなどに、相続税は税理士に、相続登記は司法書士に、というふうによく「たらい回し」にされます。

　「たらい回し」にされない相続対策を実行するために、筆者は二刀流を考え、「相続人を幸せにする」という理念を実行するために、愛知総合相続相談センターを開設しました。「どんな困難な相続・遺言・不動産問題にも対応します」という相続業界では新たな発想となった、二刀流

にチャレンジしました。

　今回、本書で取り上げた「サブリース契約」の場合、不動産業者やハウスメーカー（建築会社）は内容についてよく知っているはずです。ところが、税理士などは「サブリース契約」や「デッドクロス（黒字倒産）」についてはあまり知りません。相続対策は有機的なつながりがあり、不動産だけ、税法だけ考えて実行しても上手くいかないことが多いということです。

　筆者の二刀流は、「新版：高齢期を安心して過ごすための生前契約書＋遺言書作成のすすめ」（日本法令）を出版し、生前の相続対策で高齢者に必要な財産管理対策を行うために、**「生前４点契約書®」**で実現しました。

　相続対策で3大都市圏でも地方圏でも、短期間に節税・納税・遺産分割の3つが同時にできる戸建賃貸を開発し、**「後東式戸建賃貸®」**と名付けました。

　また、価値がなく売却困難な土地やマイナスの価値しかない土地である「腐動産」や毎年徐々に価格が下落する「負動産」を売却し、収益性と流動性があり価値の高い「富動産」や金融資産の優良資産に組み替える相続対策を考えました。その方法を**「資産戦略型相続対策®」**と名付けました。

　そして「腐動産」を売却せず、ただ単に先祖伝来の土地（負動産）を守るだけの人達を覚醒する意味で、**「土地持ち死産家®」**という名称を付けました。二刀流の挑戦は始まったばかりで終わりません。

　さて、相続対策は６つの順番と鉄則があります。相続ビジョンの確立、遺産分割対策、高齢者の財産管理対策、価値のない売却困難な土地やマイナスの価値しかない土地の「腐動産」対策、納税資金対策、節税対策です。これら6つのことを実行するためには、二刀流の相続対策が必要になります。

　日本人の相続財産の内訳は、不動産約40％、現金・預貯金・有価証券約50％、生命保険など約10％です。従って不動産、金融資産、生命保険の３分野のアドバイスは必須です。相続対策を実行するためには、

法律、税法、不動産、金融資産、生命保険の5つの知識と、それを実際に活用した経験も求められます。

　ここからはあなたが「決断する」段階が始まります。本を読んでも行動しないならば、本を読んだ意味はありません。いつまでも物事を後回しにして決断しないで言い分けばかりしているなら、何もやらないのと同じ結果です。相続対策は難しいことだらけですが、自分の財産も、相続人である自分の子供のこともあなたが一番分かっているはずです。巻末の254ページにこの後の「実行する」が載っていますので、役立ててください。

　本書を読まれたあなたが二刀流の相続対策を実行され、相続人（子供など）から相続対策をやってよかったと喜ばれることができれば、筆者としてこれほど嬉しいことはありません。

　2023年1月吉日

相続コーディネーター® 後東博

参考文献

①公益財団法人日本住宅総合センター
・2021年11月相続税制が賃貸住宅市場に与える影響
・2019年6月民間賃貸住宅の供給実態調査結果概要
―供給主体やサブリース事業者の関与などを中心に―
・2019年6月民間賃貸住宅の供給実態調査報告書
―供給主体やサブリース事業者の関与などを中心に―
②国立社会保障・人口問題研究所
・日本の将来推計人口（平成29年推計）
③総務省統計局
・平成30年「住宅・土地統計調査」発表資料
④国土交通省住宅局住宅総合整備課賃貸住宅対策室
・民間賃貸住宅の計画修繕ガイドブック
⑤国税庁の統計年報、相続財産発表資料
・第146回国税庁統計年報書令和2年度版
・令和元年分の相続税の申告状況について
⑥一般財団法人国土計画協会発表資料
・平成30年1月所有者不明土地問題研究会最終報告概要
⑦国土交通省地価公示・都道府県地価調査発表資料

下記の5つの商標は後東博が特許庁に商標登録しています。

1、相続コーディネーター®

『相続人のまとめ役となり、必要に応じて専門家に指図し、または専門家の協力を得ながら、経済面、法律面、感情面の現状分析を行い、ワンストップ・サービスで不動産プラン、遺産分割プラン、納税資金プラン、節税プラン、遺言プラン、生前4点契約書などの相続対策を相続人の意見や要望に沿って立案し、あわせて実行援助と見直しをする人』のことです。

２、生前４点契約書®

「財産管理等委任契約書」「任意後見契約書」「尊厳死宣言書」「死後事務委任契約書」の４つの生前契約書の総称です。

３、資産戦略型相続対策®

「従来の時代遅れの多額の借金をして、アパートやマンションを建て、土地の価値を下げる「節税型相続対策」ではなく、貸宅地（底地）、老朽アパート・マンション、収益性の低い駐車場などの不良資産を売却し、そのお金で優良資産に組み替え、資産を守り増やすために実行する『資産家になるための戦略』」のことです。

４、後東式戸建賃貸®

「生前贈与がしやすく納税資金の確保と節税効果、遺産分割対策の３つの相続対策が容易に且つ同時にでき、建築資金の回収スピードが早く儲かり、安普請でない自由設計の戸建賃貸住宅」のことです。

５、土地持ち死産家®

「人口減少時代に従来の時代遅れの多額の借金をして、アパートやマンションを建てる相続対策を行い、先祖伝来の価値のない土地に執着し、土地の価値を下げる「節税型相続対策」を行う人のことです。また、遊休地に多額の借金をして『サブリース契約（30年一括借り上げ）』でアパートやマンションを建築し、その結果、売却困難な土地或はマイナスの価値しかない『腐動産』にして、相続人にその土地を相続させる人達」のことです。

著者
後東博（ごとう・ひろし）
有限会社愛知財務コンサルタンツ 代表取締役、愛知総合相続相談センター 所長、愛知相続サブリース・老朽アパート研究所 理事長、後東博相続コーディネーター塾塾長、相続コーディネーター®、1級ファイナンシャル・プランニング技能士

　愛知総合相続相談センターの所長として税理士・弁護士・不動産鑑定士・不動産コンサルタント・司法書士・土地家屋調査士・FP等の専門家とプロジェクトチームを作り、「どんな困難な相続・遺言・不動産問題にも対応する」をモットーに業務を行っている。
　相続・遺言、終活、不動産、金融資産、生命保険等の総合的な相続に関する資産活用のコンサルティングを行う。現在までに5,000名以上（毎年コンサルティング資産100億円以上）の顧客の相談やアドバイスを行う。

【講師歴】
　愛知大学、南山大学、名城大学、日本福祉大学、中部大学、愛知工業大学、名古屋学院大学、星城大学、中部学院大学、四日市大学、名古屋商科大学、浜松大学、名古屋女子大学、名古屋文化短期大学等の非常勤講師やオープンカレッジ講師。大学にてゼミ、FP（ファイナンシャル・プランニング）講座、証券外務員講座や相続対策、遺言対策、不動産対策、終活の講座を担当。

【著書】
「高齢期を安心して過ごすための生前契約書＋遺言書作成のすすめ」（日本法令）
「新版：高齢期を安心して過ごすための生前契約書＋遺言書作成のすすめ」（日本法令）等

【連絡先】

・愛知総合相続相談センター

　〒450-0002　名古屋市中村区名駅4丁目25番17号、三喜ビル6階

　ホームページ：http://souzoku.xyz

　Eメールアドレス：h-gotou@beach.ocn.ne.jp

・愛知相続サブリース・老朽アパート研究所

　〒451-6040　名古屋市西区牛島町6-1名古屋ルーセントタワー40階

　電話：（052）569－2986

・【相談・依頼・セミナーの問合せ先】

　「どんな困難な相続・遺言・不動産問題」でも対応します。

　悩み・ご相談・お問い合わせを受け付けています。

　まず、こちらにお電話ください！

　申込先：愛知相続サブリース・老朽アパート研究所

　電話（052）569－2986

　〒451-6040　名古屋市西区牛島町6-1名古屋ルーセントタワー40階

本書をお読みいただいたあなただけに無料プレゼント！

　本書をさらに理解し、決断し、すぐに実行するための「相続対策」のプレゼントを差し上げます。

＜メールマガジン＞

週1回、無料で相続対策に関する情報をお届けします。

申込先：愛知総合相続相談センター：http://souzoku.xyz

「後東博のメルマガに登録する」に登録してください。

＜月刊ニュースレター後東博の爺放談＞

月1回、無料で月刊ニュースレターを郵便にてお送りします。内容は、不動産対策、相続対策、遺言対策の情報です。ご氏名、生年月日、職業、メール、電話、住所を書いて下記にFAXしてお申込みください。

申込先：FAX（052）443－2835

サブリース契約の罠
サブリース契約で地主が「土地持ち死産家®」になるワケ

2023 年 2 月 22 日　　第 1 刷発行

著　　者 ——— 後東博
監　　修 ——— 税理士　上川順一
発　　行 ——— 日本橋出版
　　　　　　　〒 103-0023　東京都中央区日本橋本町 2-3-15
　　　　　　　https://nihonbashi-pub.co.jp/
　　　　　　　電話／ 03-6273-2638
発　　売 ——— 星雲社（共同出版社・流通責任出版社）
　　　　　　　〒 112-0005　東京都文京区水道 1-3-30
　　　　　　　電話／ 03-3868-3275